AF405080

Lh 4
1583

LA

GUERRE D'ITALIE

(CAMPAGNE DE 1859)

PARIS. — E. DE SOYE ET FILS, IMPR., 5, PL. DU PANTHÉON.

BIBLIOTHÈQUE NATIONALE R.F. IMPRIMÉS

DUC D'ALMAZAN

LA GUERRE D'ITALIE

(CAMPAGNE DE 1859)

MELEGNANO — SOLFERINO
VILLAFRANCA

PARIS

JULES GERVAIS, LIBRAIRE-ÉDITEUR

29, RUE DE TOURNON, 29

1881

LA GUERRE D'ITALIE

(CAMPAGNE DE 1859)

MELEGNANO

XXXVII

L'empereur n'était pas aussi rassuré qu'il le donnait à entendre. Néanmoins, comme rien ne bougeait, il se laissa persuader, le lendemain, d'aller voir ce qui se passait aux environs. L'affaire ne semblait pas sans péril ; il importait d'être en force. Six divisions d'infanterie, appartenant aux IIIe et IVe corps, furent destinées à cette expédition. Le maréchal Canrobert en eut le commandement. Les troupes s'acheminèrent vers Abbiate-Grasso. L'empereur attendit l'événement à Magenta. Sur ces entrefaites, des personnages en habit noir, en cravate blanche, arrivèrent au quartier général ; ils étaient députés, disaient-ils, par la municipalité de Milan, et désiraient entretenir l'empereur des Français. On ne comprenait pas trop ce qu'ils voulaient, cependant on les mena à l'empereur. Ces honnêtes patriotes venaient supplier Sa Majesté d'entrer dans sa bonne ville de Milan. Les Autrichiens étaient partis la veille, et la population enthousiaste attendait le libérateur de l'Italie.

Mais alors la bataille était bien définitivement gagnée ! l'armée autrichienne était battue ! il était inutile d'aller la chercher à Abbiate-Grasso. Le flegme de l'empereur lui fut très utile en cette circonstance. Il écouta les Milanais avec la gravité qui sied à un chef d'armée, les remercia du dévouement qu'ils témoignaient à la cause de l'Italie et leur annonça qu'il allait les suivre.

Il s'agissait à cette heure de tirer parti de la victoire. Chacun se demandait ce qu'il y avait à faire. On se souvint que le jour de la bataille, les Sardes avaient aperçu des troupes qui arrivaient du nord. Ces troupes appartenaient vraisemblablement au détachement du général Úrban; elles n'avaient pas eu le temps de gagner Magenta et se trouvaient isolées de l'armée autrichienne. On avait chance de les atteindre, semblait-il. L'empereur lança à leur poursuite une division de cavalerie sous les ordres du général Desvaux, puis tout le II corps, puis toute l'armée sarde. Mais il était trop tard. Les Autrichiens avaient eu le temps de voir le danger qu'ils couraient; ils regagnaient à marches forcées l'Adda. Le général Desvaux arriva juste à temps pour apercevoir aux derniers rayons du jour l'arrière-garde autrichienne. Cette battue avait fort disséminé l'armée alliée : le général Desvaux s'était arrêté à Marzo; Fanti, entre Garbagnate et Nerviano; Castelborgo, à Busto-Garolfo; Cialdini, à Inveruno. Mac-Mahon se trouvait à San-Pietro l'Olmo; Canrobert, à Abbiate-Grasso; l'empereur avec la garde et le I corps, à Magenta. Le roi, ennuyé d'avoir chaque jour à passer et à repasser le Tessin, était demeuré avec Durando et Cucchiari, à Trecate.

L'empereur avait à s'acquitter envers sa vaillante armée. Il prodigua les récompenses, et ce ne fut que justice. Il reconnut de bonne grâce les services que le général de Mac-Mahon venait de rendre et lui conféra la dignité de maréchal, avec le titre de duc de Magenta. Le général Regnaud de Saint-Jean-d'Angely, commandant en chef de la garde, fut revêtu de la même dignité. Ce dernier n'avait guère montré plus d'intelligence que son empereur; il ne s'était pas même douté de l'approche de l'armée autrichienne et l'avouait ingénument. Mais une fois au feu, il s'était comporté en brave soldat; enfin, il personnifiait la garde, et la garde méritait un tel témoignage de satisfaction.

Le 7 juin, l'armée alliée se remit en marche. Le maréchal de Mac-Mahon traversa Milan et bivouaqua sur les remparts de la ville, près de la porte de Pavie. L'empereur avec la garde alla coucher à Quarto-Cagnino; le maréchal Baraguey-d'Hilliers, à San-Pietro l'Olmo; le maréchal Canrobert, à Corsico; le général Niel, à Gaggiano. L'armée sarde demeura échelonnée entre Busto-Garolfo et Casteniate. Les nouvelles qui arrivaient au quartier général étaient satisfaisantes. S'il fallait en croire les habitants du pays, l'armée autrichienne se retirait fort en désordre; des détachements de toutes armes avaient traversé, confondus, leurs villages; les uns regagnaient Pavie, les autres Lodi. Il fallait les poursuivre; l'empereur le comprenait, néanmoins il était fort partagé. S'il entendait joindre l'armée autrichienne, il devait précipiter sa marche, traverser Milan, arriver à l'Adda. Une

telle hâte le contrariait. Nul plus que lui n'aimait la caracole, aussi
l'idée d'une entrée triomphale à Milan lui souriait-elle. Les entours
devinant cette pensée, s'ingéniaient à découvrir des raisons propres
à la justifier. A leurs dires, les services de l'armée se ressentaient
de la rapidité des marches, il était nécessaire de les réorganiser;
l'interruption de la voie ferrée à Verceil et à San-Martino entraînait
des embarras sans nombre; les troupes étaient harassées; enfin, les
Italiens ne se montraient pas aussi ardents à seconder leur libérateur
qu'on l'espérait, il importait de frapper leur imagination par quelque
spectacle grandiose. Une entréetriomphale à Milan n'était donc pas
une affaire de pure fantaisie. Les gens qui prétendaient le contraire
n'étaient que des sots. Il fut donc convenu que l'empereur séjour-
nerait à Milan et que pour le moment il laisserait agir ses généraux.
La tâche était facile, il s'agissait simplement d'enlever les arrière-
gardes autrichiennes attardées à Landriano. « Vous partirez demain
de San-Pietro l'Olmo, mandait l'empereur au maréchal Baraguey-
d'Hilliers; vos deux premières divisions passeront par Settimo et
Baggio; votre troisième, l'artillerie et les bagages suivront la grande
route. Vous traverserez Milan et vous camperez sur la route de
Meleguano à San-Donato, ou à San-Juliano, prêt à soutenir le maréchal Mac-Mahon. Le but de cette marche est d'intercepter les
Autrichiens qui se retirent de Binasco et de Landriano sur Lodi. »

XXXVIII

L'empereur s'exagérait le désarroi de l'armée autrichienne. Le
lendemain de la bataille, à l'aube, Clam-Gallas s'était acheminé vers
Binasco. Ses troupes avaient été réellement maltraitées. Des dix
brigades appartenant aux Ier, IIe et VIIe corps, deux seulement, les
brigades Weigl et Dondorf, étaient en ordre. Les autres n'avaient
plus la moindre consistance. Les brigades Burdina, Reznicek, entre
autres, ne réunissaient pas à elles deux plus de quatre mille deux
cents hommes; elles avaient perdu six pièces de canon sur vingt-
quatre. Ces pièces n'étaient pas tombées aux mains de l'ennemi,
mais on ne savait où elles étaient. De même des hommes. Environ
quatre mille fuyards avaient suivi la route de Milan, d'autres erraient
dans les champs. En raison de leur nationalité, les soldats ne
retrouvaient pas sans peine leurs régiments. Tous étaient démoralisés, à ce point qu'une alerte eût changé la retraite en déroute.
Mais il n'en était pas de même du gros de l'armée autrichienne.
Schaffgotsche et Benedek n'avaient pris aucune part à l'action.
Stadion n'était arrivé qu'à la dernière heure; Schwarzenberg, seul,

s'était trouvé aux prises avec l'ennemi. Or ses troupes avaient bravement fait leur devoir ; elles étaient fort animées et en avaient donné la preuve en attaquant l'ennemi dès le point du jour. Les généraux ne croyaient pas à une défaite. Ramming, dans une lettre adressée au feld-zeug-mestre, vers midi, lui signalait ainsi l'attitude irrésolue de l'ennemi, et le sollicitait de revenir à la charge. Le feld-zeug-mestre était dans les mêmes sentiments. La résolution de battre en retraite, prise par Clam-Gallas, l'avait seule décidé à abandonner la partie, on le sait. Néanmoins les ordres ne furent pas modifiés et les troupes poursuivirent leur retraite. Les instructions générales de l'empereur prescrivaient au feld-zeug-mestre de regagner Plaisance, au cas où il abandonnerait la Lomelline. Il se croyait tenu d'obéir à la lettre. Peut-être n'était-il pas fâché d'esquiver la responsabilité d'un nouvel engagement. A la fin de la journée, les 1er, IIe, VIIe et VIIIe corps se trouvaient, ainsi que la cavalerie de réserve, entre Gudo-Visconti, Gudo-Gambaredo et Binasco ; le quartier général, à Binasco ; le IIIe, à Morimondo ; le Ve, à Motta-Visconti. Le IXe, en marche depuis la veille, avait repassé le Pô. Les brigades Castiglione et Blumencron étaient aux environs de Pavie ; la brigade Braum, à Villanterio, sur la route de Pavie à Lodi ; la brigade Fehlmayer, encore à Stradella, surveillait l'enlèvement du pont de Vaccariza. La retraite de l'armée autrichienne entraînait l'abandon de Milan. La garnison avait quitté la ville au point du jour ; elle avait été suivie dans la matinée par la brigade Paszthori, du 1er corps, qui venait d'arriver. Les fuyards de Magenta, formés en bataillons de marche, environ trois mille cinq cents éclopés, blessés ou malades, un millier de voitures étaient avec cette dernière colonne. Quelques coups de fusil avaient été échangés avec des habitants, au sortir de la ville. Les troupes étaient arrivées sans autre encombre à Lodi. On ne savait encore rien d'Urban.

Durant cette journée, l'armée autrichienne n'avait pas eu affaire à l'ennemi. L'arrière-garde était demeurée toute l'après-midi à Abbiate-Grasso ; cependant rien n'était survenu. Les patrouilles envoyées aux environs n'avaient même pas rencontré l'ennemi à Robecco. D'autre part, elles avaient aperçu des troupes sur la rive opposée du Tessin. Le général Ramming tirait de ces diverses circonstances la conclusion que l'ennemi avait repassé le Tessin, et que le gros de l'armée alliée était encore dans la Lomelline. Le feld-zeug-mestre, dans le doute, fit passer le Tessin à un détachement de la garnison de Pavie, qui poussa jusqu'à Carbonara ; les renseignements qu'il recueillit ne confirmaient pas le dire de Ramming. Le feld-zeug mestre le pensait bien ; il avait maintenu l'ordre donné la veille d'enlever le matériel accumulé à Pavie. L'armée autrichienne avait là ses hôpitaux, ses magasins, ses réserves de munitions, un armement considérable. Ce qui pouvait se transporter fut chargé sur des bateaux à vapeur et autres barques employés à la navigation du Pô, et ramené à Plaisance, le reste noyé ou abandonné. Le 6 juin, l'armée autrichienne se rapprocha de l'Adda, mais sans se hâter. Les Ier, IIe, VIIe et VIIIe corps allèrent coucher à Landriano; la brigade Roden, à Meleguano; le IIIe et le Ve corps, à Pavie; le IXe, à Belgiojoso. Le 7 juin, l'armée avait atteint l'Adda. Le VIIe et le VIIIe corps, rejoints par la brigade Paszthori et la garnison de Milan, étaient aux environs de Lodi; le IIIe, à San Angiolo; le Ier et le IIe, à Borghetto; le Ve, à Corte-Olona; le IXe, à Codogno; une brigade, à Lodi; le quartier général, à Codogno. Urban, dont on ignorait le sort depuis la bataille, était parvenu à se dégager. Il avait reçu le 23 juin, les ordres du feld-zeug-mestre à Gallarate, s'était mis immédiatement en marche avec deux de ses brigades, avait poussé jusqu'à Busto-Arsizio. Là, il avait appris que la bataille était engagée; il avait attendu les événements; la nuit venue, il s'était replié sur Casteguate. Il y était demeuré toute la journée du 5 juin. La nouvelle de l'abandon de Milan l'avait décidé à gagner l'Adda à marches forcées. Rejoint à Desio par la brigade Schaffgotsche, il avait franchi le Lambro, à Canonica, le 7 juin au matin; et vers la fin de la journée, était arrivé sans encombre à Vaprio.

L'armée autrichienne avait ainsi décrit un arc de cercle autour de l'armée alliée; la retraite n'avait pas même été inquiétée. Le soldat le voyait, il s'en étonnait; il en arrivait à croire que la bataille n'avait pas été perdue. Les brigades s'étaient ralliées; la tenue des troupes était satisfaisante. Les pertes se trouvaient être moins considérables qu'on ne le croyait; elles ne s'élevaient pas à plus d'une dizaine de mille hommes, encore nombre de soldats étaient-ils simplement égarés. Les généraux qui contestaient la nécessité de battre en retraite, proposaient de reprendre l'offensive; mais le feld-zeug-mestre, débarrassé de Hess qui dans l'intervalle avait regagné Vérone, ne voulait plus rien hasarder.

Il se disposait en conséquence à repasser l'Adda, lorsqu'il reçut un télégramme de l'empereur. « Rien ne motive la retraite de l'armée, disait le télégramme, les alliés sont toujours à Magenta. Il faut se maintenir sur l'Adda, et si l'armée a déjà franchi la rivière, choisir une position intermédiaire entre Lodi et Plaisance. Hess arrive. » Les ordres de marche déjà donnés furent rappelés en conséquence, et les troupes qui avaient quitté leurs bivouacs rebroussèrent chemin. L'armée demeura, comme la veille, répartie entre Lodi, San-Angiolo,

Borghetto, Corte-Olona et Codogno. Une brigade fut envoyée à Pavie, une autre à Landriano. La brigade Roden était encore à Melegnano ; elle fut laissée dans cette ville avec ordre de la mettre en état de défense. Le feld-zeug-mestre, en raison des ordres qu'il avait reçus, se proposait de remonter, le lendemain, 9 juin, vers le nord, et d'arriver ainsi sur le flanc de l'armée alliée qui devait être échelonnée entre Magenta et Milan. Mais cette conjecture déjà n'était plus vraie. Les alliés, arrivés la veille à Milan, descendaient le cours du Lambro ; les rapports envoyés par les avant-postes ne permettaient pas d'en douter. Il était environ huit heures du matin ; le feld-zeug-mestre s'attendait d'un instant à l'autre à voir arriver Hess. La journée se passa ainsi à voir venir ; enfin, Hess fut signalé, et les deux généraux entrèrent en conférence.

Hess était appelé à trancher une question fort controversée depuis la dernière guerre d'Italie. L'armée autrichienne une fois rejetée au delà du Tessin était-elle encore en mesure de défendre la Lombardie ? Les docteurs en stratégie s'étaient mis en frais d'imagination à ce propos ; ils croyaient même avoir résolu le problème. A leur dire, il importait essentiellement d'avoir à Plaisance un vaste camp retranché qui commandât les deux rives du fleuve. Maîtresse de cette position, l'armée autrichienne pouvait hardiment manœuvrer dans les plaines de la Lombardie. En cas d'échec, elle regagnait Plaisance, passait le fleuve, le descendait et sans courir le moindre risque, regagnait Mantoue. L'empereur François-Joseph avait adopté cette idée. Il avait fait élever les ouvrages du camp retranché. L'armée autrichienne à cette heure était-elle en mesure de défendre l'Adda ? Le feld-zeug-mestre ne le pensait pas et les raisons qu'il en donnait étaient fort sensées. L'élément matériel à la guerre disait-il, n'était qu'un élément secondaire ; il fallait tenir compte de mainte autre considération. L'armée autrichienne, toujours inférieure en nombre, était évidemment inférieure en qualité ; il fallait se l'avouer. Le moral du soldat était ébranlé par une série d'affaires malheureuses. La présence de renforts considérables pouvait seule lui rendre la confiance qu'il avait perdue, et le parti le plus sage était de rejoindre l'armée que l'empereur concentrait à Vérone. La Lombardie, sans doute, se trouvait ainsi abandonnée à l'ennemi ; mais la Lombardie se gagnait comme elle se perdait, et le sort de la guerre se décidait au défilé que forme le Pô, en se rapprochant du lac de Garde. L'expérience l'avait mainte fois démontré. Appuyée sur les places de Peschiera, Mantoue, Vérone et Legnago, à portée de toutes les ressources en vivres et en munitions qui se trouvaient dans ces places, libre de ses mouvements, sûre de ses communications avec l'Autriche, l'armée recouvrait tous ses avantages, elle

pouvait du moins combattre l'ennemi à forces égales. Ces raisonnements firent impression sur l'esprit du quartier-maître général; il
se prononça pour la retraite.

Des heures s'étaient écoulées, le jour touchait à sa fin, lorsqu'on
entendit le canon gronder aux environs de Melegnano.

XXXIX

Le maréchal Baraguey d'Hilliers s'était mis de grand matin en
quête des détachements ennemis que l'empereur lui avait signalés.
Il avait rallié le maréchal de Mac-Mahon à Milan, et se proposait, ce
jour-là, de coucher à San-Donato. Chemin faisant, il fut rejoint par
un officier d'ordonnance de l'empereur : « Les Autrichiens, disait
cet officier, n'étaient pas seulement à Landriano, mais encore à
Melegnano; ce n'étaient là sans doute que des arrière-gardes; néanmoins l'empereur avait donné l'ordre au général Niel de se rapprocher de Carpiano. Il confiait au maréchal Baraguey d'Hilliers le
commandement des trois corps d'armée, et lui prescrivait d'enlever
Melegnano. [1]

Les deux maréchaux s'entendirent en quelques mots sur les détails de l'opération. Il fut convenu que le maréchal de Mac-Mahon
prenant sur la gauche, traverserait le Lambro, et tournerait ainsi la
position que le maréchal Baraguey d'Hilliers se proposait d'attaquer
de front.

Les Autrichiens sachant que l'ennemi n'était pas loin, se tenaient
fort sur leurs gardes. Il s'ensuivit une méprise qui leur fut fâcheuse.
Au matin, une colonne d'infanterie française fut signalée. Roden,
sans plus s'enquérir, fit prendre les armes à ses troupes, avisa le quartier général, en ce moment à Lodi. Benedeck se hâta d'arriver, suivi
de loin par le Feld-Maréchal-Lieutenant Berger et la brigade Boër.
Mais l'alerte avait été causée par des femmes en jupons rouges qui
revenaient d'un marché; on avait fini par le reconnaître. Les troupes
cependant avaient renversé leurs marmites, étaient demeurées toute
la journée sans nourriture. Benedek, fort mécontent, tança Roden,
lui retira son commandement, chargea Berger de pourvoir à la

[1] Le maréchal Baraguey d'Hilliers était infiniment plus éloigné de Landriano que le maréchal Canrobert, le général Niel et le maréchal Mac-Mahon.
L'ordre donné par l'empereur ne saurait s'expliquer par des raisons de
stratégie. Selon toute vraisemblance, l'empereur se proposait d'obliger le
maréchal Baraguay d'Hilliers, qui devait son bâton à la fantasmagorique
expédition de Bomarsund, s'en dépitait, et aspirait à justifier, par quelque
action d'éclat, la faveur qui lui avait été accordée.

défense de la ville. Ne voyant plus rien qui méritât son attention, il regagna Lodi. Les marmites avaient été renvoyées avec les bagages au delà du Lambro ; il fallut du temps pour les ramener, en sorte que les troupes faisaient leur soupe, au moment où les Français arrivèrent en vue de Melegnano.

Le maréchal Baraguey d'Hilliers suivait, avec le général Bazaine, la grande route ; il se trouvait fort en avance. Le général de Ladmirault, engagé dans des chemins de traverse, était loin ; le général Forey, plus loin encore. Mac-Mahon, au delà de Lambro, n'apparaissait même pas. Le bon sens conseillait de l'attendre ; mais le maréchal tenait à avoir son fait d'armes à lui seul ; il donna donc l'ordre d'enlever la position. Les Autrichiens abandonnèrent, sans autre résistance, les abords de la ville ; mais, revenus de leur première surprise, ils se maintinrent opiniâtrément dans les rues [1]. Les troupes du maréchal, arrêtées par un feu meurtrier, ne gagnaient pas de terrain. Le maréchal sacrait, tempêtait, adressait aux hommes les mots les plus durs, rien n'y faisait. Le jour déclinait, le général Ladmirault arriva enfin.

Berger, voyant qu'il avait affaire à forte partie, fit sonner la retraite ; mais au milieu du vacarme, on n'entendait rien. Nombre de soldats qui demeurèrent dans les maisons, furent pris ; d'autres, durent se jeter dans le Lambro ; deux officiers sauvèrent ainsi les fanions de leurs bataillons ; le gros de la brigade s'écoula par le pont. Un bataillon, laissé dans le vieux château, gagna la campagne, alla passer la rivière à Riozzo. Le général Forey, qui devait tourner la ville de ce côté, ne put le joindre.

La brigade Boër était demeurée en deçà de la rivière ; elle recueillit la brigade Roden. A ce moment apparaissait, entre Dresana et Cologno, le maréchal de Mac-Mahon. Ses obus tombaient déjà sur la route de Lodi ; néanmoins les deux brigades parvinrent à s'échapper. Le maréchal Baraguey d'Hilliers demeura fort déconvenu. Il ne pouvait s'en prendre qu'à lui-même, mais il se garda de l'avouer, chargea Mac-Mahon qui, disait-il, avait perdu du temps en route. Il grommelait encore d'autres raisons. Les ordres de l'empereur lui étaient parvenus tardivement, et l'approche de la nuit l'avait mis dans la nécessité de brusquer la prise de Melegnano.

Les pertes étaient considérables. Elles s'élevaient à un millier d'hommes tués ou blessés [2].

---

[1] Il n'est pas inutile de le rappeler ; de jeunes troupes, même des bandes sans la moindre discipline, qui ne tiendraient pas en rase campagne, se défendent parfaitement, lorsqu'elles sont à l'abri de retranchement.

[2] Mac-Mahon ne perdit guère plus de monde à Magenta.

XL

L'empereur triomphait à Milan. Il arrivait en chef d'armée, dès l'aube, traversait la ville encore déserte, allait installer son quartier général. Il avait hâte de poursuivre le cours de ses victoires. « Soldats, disait-il dans son ordre du jour, il y a un mois que, confiant dans les efforts de la diplomatie, j'espérais encore la paix, lorsque tout à coup l'invasion du Piémont par les troupes autrichiennes nous appela aux armes. Nous n'étions pas prêts : les hommes, les chevaux, le matériel, les approvisionnements manquaient, et nous devions, pour secourir nos alliés, déboucher à la hâte, par petites fractions, au delà des Alpes, devant un ennemi redoutable, préparé de longue main. Le danger était grand ; l'énergie de la nation et votre courage ont suppléé à tout. La France a retrouvé ses anciennes vertus, et, unie dans un même but comme dans un seul sentiment, elle a montré la puissance de ses ressources et la force de son patriotisme. Voici dix jours que les opérations ont commencé, et déjà le territoire piémontais est débarrassé de ses envahisseurs.

« L'armée alliée a livré quatre combats heureux et remporté une victoire décisive, qui lui ont ouvert les portes de la capitale de la Lombardie. Vous avez mis hors de combat plus de 35 000 Autrichiens, pris dix-sept canons, deux drapeaux, huit mille prisonniers ; mais tout n'est pas terminé, nous aurons encore des luttes à soutenir, des obstacles à vaincre. Je compte sur vous. Courage donc ! braves soldats de l'armée d'Italie : du haut du ciel, vos pères vous contemplent avec orgueil. »

Cet ordre du jour, une fois lu aux troupes, affiché dans la ville, l'empereur remontait à cheval, courait s'assurer de l'accomplissement de ses derniers ordres ; il jetait un coup d'œil sur les colonnes qui filaient vers Melegnano, puis regagnait son quartier général. A ce moment, il était reconnu, la foule l'acclamait. « Il faut connaître les natures italiennes, ardentes, fiévreuses, excessives, pour se faire une idée juste de ces démonstrations frénétiques, dit le baron de Bazencourt. Les uns baisaient la crinière du cheval de l'empereur, les autres saisissaient les étriers ou portaient ses vêtements à leurs lèvres. Les femmes, sortant précipitamment de leurs maisons, lui tendaient leurs petits enfants, avec des mots de bénédiction, pour qu'un de ses regards arrivât jusqu'à eux. C'est ainsi que l'empereur Napoléon revint vers le palais qu'il habitait. »

Le lendemain, le décor était autre.

« Toutes les cloches sonnaient, et l'on entendait de tous côtés les tambours battant aux champs. Depuis la villa Bonaparte jusqu'à la cathédrale, la garde impériale formait la haie, en suivant le Corso. De vieilles tapisseries aux couleurs effacées, des tentures de soie ou de velours avec des crépines d'or couvrent les murs ou pendent aux balcons des fenêtres, mêlées aux longs plis des drapeaux, que n'agite pas le plus petit souffle de vent.

« En un instant, sous les pas des soldats, les rues sont jonchées de fleurs, tapis parfumés, qui couvrent de leurs couleurs étincelantes les dalles de la vieille cité lombarde. Cependant quand l'empereur, précédé èt suivi du brillant escadron de ses cent-gardes, apparut, ayant à ses côtés le roi Victor-Emmanuel, une nouvelle avalanche de fleurs tomba de toutes parts aux pieds des deux souverains. Leurs chevaux de pure race s'arrêtaient effrayés ; car aux couronnes, aux bouquets, aux fleurs effeuillées, se joignaient des acclamations, des cris, des battements de mains, des mouchoirs agités avec frénésie. Hommes, jeunes et vieux, femmes, jeunes filles, enfants, tous et toutes sont confondus dans les élans d'un enthousiasme indescrip-. tible.

« C'est ainsi que le cortège impérial et royal, ne pouvant avancer que lentement au milieu de ce parterre improvisé sous ses pas, arrive enfin à la cathédrale, cette merveille de la chrétienté.

« Sous le saint portique, l'évêque-coadjuteur, Mgr Caccia, à la tête des chanoines, portant la mitre blanche, attend les deux souverains et les reçoit à l'entrée de cette vieille église, où cinq nefs se succèdent majestueusement, reposant leurs voûtes ogivales sur des colonnes de marbre.

« L'empereur et le roi se sont agenouillés devant l'autel ; les chants commencent et montent vers le ciel en actions de grâces.

« Oui ! Dieu est avec nous, c'est Dieu qui nous garde de sa main puissante, c'est lui qui donne à tous, chefs et soldats, le courage, la force et la foi. Grâces éternelles lui soient rendues !

« Pendant que les chants pieux faisaient retentir les immenses voûtes du Duomo, la route de Melegnano offrait aussi un spectacle noble et plein d'émotions. Les plus riches familles de Milan avaient envoyé leurs voitures pour chercher les blessés et les transporter à leurs hôtels. Elles revenaient une à une ; et sur leurs coussins soyeux étaient étendus des soldats et des officiers, dont les vêtements tachés de sang portaient encore des bouquets de fleurs. C'était aussi un cortège, mais devant lequel se taisaient les cris de joie et d'allégresse. A l'aspect de ces pâles visages, de ces glorieux mutilés, triste et fatal côté de la guerre, la foule qui encombrait les rues de Milan, s'écartait avec un religieux respect, et les hommes se découvraient silencieusement. Au milieu des événements multiples que la

guerre jette à profusion autour de soi, c'est ainsi que les plus
étranges contrastes semblent se donner la main.

« Parmi les souvenirs qui marqueront le passage de notre armée
dans la capitale de la Lombardie, comment oublier la grande repré-
sentation donnée au théâtre de la Scala. Ces femmes, aux regards
étincelants, avec leurs pierreries et leurs toilettes éblouissantes,
mêlées pour un jour à cette armée de combattants, dont le sang
avait coulé la veille, dont le sang devait couler le lendemain, semblaient les anges de la victoire, qui jetaient déjà des couronnes aux
gloires futures. »

Les dires des gens qui revenaient de Melegnano ne laissèrent pas
de troubler la satisfaction de l'empereur. Il alla voir ce qui s'était
passé. L'aspect de la ville était sinistre, les rues encore jonchées de
cadavres ; les maisons, criblées de balles, effondrées par les obus,
témoignaient de la résistance de l'ennemi. Les Autrichiens n'étaient
pas démoralisés ; au dire général des gens du pays, ils avaient fait
halte sur les bords de l'Adda, et se disposaient à défendre le cours
de la rivière. L'empereur ne s'attendait à rien moins ; il retomba
dans ses perplexités habituelles. Les troupes furent cantonnées là
où elles se trouvaient : les Iᵉʳ, IIᵉ et IVᵉ corps, autour de Melegnano ;
le IIIᵉ, la garde et l'armée sarde, à Milan.

L'empereur était fort dégoûté de la stratégie. Il ne se croyait
plus en mesure d'anéantir ses adversaires, à l'aide des formules de
Jomini. Le souvenir de Magenta hantait son cerveau ; et, comme il
arrive souvent aux novices, le péril avait fort refroidi son imagination. Passant d'un extrême à l'autre, il se proposait de marcher
désormais avec une sage lenteur, de tenir son armée constamment
réunie et d'être ainsi prêt à livrer bataille en toute circonstance.
Une armée aussi nombreuse ne pouvait, dans ces conditions,
subsister à l'aide des seules ressources du pays. Il fallait la faire
suivre de ses approvisionnements. Le plan de l'empereur, dès lors,
était tout tracé. La seule voie navigable de la Lombardie, le Pô, se
trouvait aux mains des Autrichiens ; restait la voie ferrée qui relie
Turin, Verceil, Milan, Brescia, Vérone et Venise. L'armée devait
suivre cette voie. Dans un conseil tenu à Milan, l'empereur déve-
loppa son idée. Elle soulevait des objections. L'armée alliée laissait
les Autrichiens maîtres de Plaisance. Elle courait le risque d'être
prise en flanc durant sa marche ; une bataille perdue la rejetait au
milieu des Alpes. Rien n'était plus clair ; mais l'empereur était trop
effaré pour apprécier un raisonnement stratégique. Il voulait abso-
lument avoir son armée réunie autour de lui. Il eût souhaité former
un carré de 160 000 hommes, et marcher ainsi à l'ennemi. Naturel-
tement, on céda. Ce n'était pas tout. La voie ferrée était rompue

sur plusieurs points. Les Autrichiens avaient fait sauter le pont de la Sesia, à Verceil; celui du Tessin, à Magenta; enfin, la partie de la voie qui traverse Milan, n'existait pas alors. Les transports s'effectuaient de la Porta-Nuova à la Porta-Tosa, au moyen de chevaux. Plus loin, les Autrichiens avaient rompu les ponts de la Muzza et de la Chiese; enfin, ils avaient emmené tout le matériel roulant à Vérone, de sorte qu'on ne pouvait utiliser même les parties de la voie qui étaient demeurées intactes. Les travaux à exécuter, pour en arriver à rétablir la circulation, semblaient considérables. Les ingénieurs, encore peu au fait de ce genre d'opérations, s'en exagéraient les difficultés; l'empereur insista et il eut raison. Après force raisonnements, on reconnut que l'entreprise était possible, et l'on se mit immédiatement à l'œuvre. L'affaire se trouvant ainsi réglée, l'empereur ramena toute l'armée aux environs de Milan.

Le 11 juin, le maréchal Baraguey d'Hilliers alla coucher à Limito; le maréchal Canrobert, à Melzo; le général Niel rejoignit l'empereur et la garde à Milan. Le maréchal Mac-Mahon s'arrêta à Paullo, couvrant ainsi le flanc droit de l'armée; le roi de Sardaigne, appelé à marcher parallélement à l'armée française, se rendit à Vimercate.

III

Il s'agissait de passer l'Adda; l'empereur prit, cette fois toutes les mesures requises en pareille occurrence. L'artillerie jeta un pont sur la Muzza, deux ponts sur l'Adda, en amont et en aval du grand pont de Cassano qui, d'ailleurs, était intact. Le pont du chémin de fer, fortement endommagé, fut réparé. Le major général surveilla lui-même les travaux; l'empereur alla les visiter; rien ne fut négligé. Enfin, le 12 juin, vers la fin de la journée, tout étant parfaitement disposé, le maréchal Canrobert traversa la rivière; et, gagna Treviglio : l'empereur se tenait prêt à le soutenir. Le maréchal Baraguey d'Hilliers, était à Melzo; le maréchal de Mac-Mahon, à Albignano; le général Niel, à Pioltello; et la garde, à Gorgonzola. A la surprise de tous, les Autrichiens ne se montrèrent pas. Sans doute ils étaient redescendus au midi, tandis que les alliés remontaient au nord. Mais ce n'était là qu'une simple conjecture, depuis trois jours on les avait ainsi perdus de vue, et l'on ne savait en définitive ce qu'ils étaient devenus. L'armée sarde passa l'Adda, ce même jour, à Vaprio, sans apercevoir l'ennemi.

L'armée française suivit processionnellement la grande route de Brescia, arriva le 14 juin en vue de l'Oglio. Là, elle fit halte. On

n'avait pas fait en quatre jours plus de 6 lieues. La prudence, sans
doute, l'exigeait ainsi [1].

L'armée sarde devait se maintenir à la hauteur de l'armée française. Mais le roi ne prenait nul souci de la stratégie ; il avait par-
couru en trois jours les treize lieues qui séparaient Vaprio de Brescia,
et était arrivé ainsi le 14 juin à Brescia. L'Empereur trouvait que
son allié marchait fort à l'étourdie. Il ne pouvait, de deux jours, le
rejoindre. Les Autrichiens se retiraient vraisemblablement, mais rien
ne disait qu'ils ne revinssent sur leurs pas, et l'armée sarde courait
le risque d'être battue isolément. Une aventure fâcheuse pour Garibaldi vint donner le lendemain même raison à l'empereur.

Garibaldi n'avait pas justifié sa renommée d'audacieux partisan.
Il devait insurger les populations des Alpes italiennes, mais il n'avait
pas osé se risquer au loin, s'était attardé entre le lac Majeur et le
lac de Côme, avait failli se faire prendre par Urban. La retraite de
l'armée autrichienne l'avait tiré d'affaire, et depuis lors il suivait pas
à pas l'armée sarde. Le roi, souhaitant donner à Garibaldi une occasion de se réhabiliter, lui prescrivit de pousser jusqu'à Lonato, et
de rétablir le pont de la Chiese, que les Autrichiens avaient rompu,
disait-on. La cavalerie sarde devait le suivre. Garibaldi se mit en
marche le 15 juin au matin. Non loin de Ciliverghe, il rencontra un
détachement de l'armée autrichienne. L'affaire s'engagea ; Garibaldi, ne voyant pas arriver la cavalerie sarde, regagna Ciliverghe ;
il ne put se maintenir dans le village, le désordre se mit dans sa
troupe, qui s'enfuit à travers champs. Le roi fit avancer alors la
division Cialdini, mais il était trop tard, l'affaire était déjà finie, les
Autrichiens avaient disparu.

Cette escarmouche redoubla les appréhensions de l'empereur.
Jugeant que l'armée autrichienne ne pouvait être loin, il ne voulait
plus marcher désormais qu'en ordre de bataille. Les dispositions
furent prises en ce sens.

Le 16 juin, l'armée franchit l'Oglio. A la fin de la journée elle se
trouve ainsi répartie : en première ligne, le IIe corps, à Castrez-
zato ; une division de la garde, à Chiari ; une division de cavalerie à
Commezano ; en seconde ligne, le IIIe corps, à Orzinovi ; le Ier, à
Urago ; une division de la garde à Calcio, le IVe corps en réserve à
Antignate. L'armée sarde toujours à Brescia.

Le 17 juin, le IIe corps est à Castel-Nuovo ; une division de la
garde, à Travagliato ; une division de cavalerie, à Bagnolo ; le IIIe à
Mairano ; le Ier, à Maclodio ; le IVe, à Orzivecchi ; l'armée sarde, au
delà de Brescia, à Rezzate et Castelnedolo.

[1] L'armée alliée avait fait 25 lieues en cinq jours lors de la marche de
Novare. Mais à cette époque l'empereur ne doutait de rien.

Le 18 juin, l'armée est parfaitement ralliée. De même que la veille l'armée sarde est à Rezzate et Castelnedolo. L'armée française est répartie de Bagnolo à Brescia, elle est formée par inversion ; le Ier corps est à Brescia ; le IIe à San-Zeno ; le IVe à Bagnolo ; la garde renforce, à Brescia, l'aile gauche ; le IIIe corps renforce l'aile droite à Poncarale ; le quartier général est à Brescia. L'armée alliée se trouve ainsi répartie selon toutes les règles de l'art, « les corps sont disposés entre eux, et les divisions sont formées dans les corps, dit la relation française, de telle sorte que toute l'armée puisse, au premier signal, être rangée en bataille sans qu'il y ait besoin de manœuvrer pour changer l'ordre des divisions dans les corps, ou la place des éléments dans les divisions. »

L'armée fait encore halte. On pousse des reconnaissances aux environs de Brescia. On apprend que l'armée autrichienne a récemment traversé la contrée. Il semble impossible que l'ennemi se renferme dans ses places fortes sans avoir livré bataille ; mais l'ennemi ne se montre pas, on ne saurait l'attendre indéfiniment. Deux jours se sont écoulés ainsi à bayer, enfin l'empereur se décide à avancer.

Le 21 juin, l'armée alliée se remet en marche. A la fin de la journée, le général Niel est avec son corps d'armée et deux divisions de cavalerie [1] à Carpenedolo; le IIIe, à Mezzane; le IIe, à Montechiaro; l'armée sarde, à Calcinato, Lonato, Desenzano ; en deuxième ligne, le Ier corps, à Rhò; la garde et le quartier général, à Castelnedolo.

Garibaldi explore les défilés qui mènent au Tyrol ; Cialdini, avec sa division, le rejoint à Sarnico.

Le général d'Autemarre suit de loin l'armée alliée, il descend le cours du Pô ; il arriva ce même jour à Pizzighettone ; il sera le lendemain à Crémone, où il attendra l'arrivée du prince Napoléon.

L'armée alliée fait encore halte le 22 ; elle est en vue du défilé que domine la roche de Solférino. La vallée du Pô se trouve resserrée en cet endroit par les ramifications des Alpes ; entre ces ramifications s'étend une vaste nappe d'eau : le lac de Garde. La nappe d'eau est maintenue à son niveau par une digue de collines qui s'élèvent graduellement jusqu'à la roche ; puis le sol se déprime brusquement, il est dès lors parfaitement uni ; une légère dépression livre seule passage aux eaux du lac qui s'écoulent lentement, noient les terrains spongieux des environs de Mantoue et rejoignent enfin le Pô. Plus loin, au delà du fleuve, le sol se relève en sens inverse jusqu'aux cimes des Apennins.

[1] Ces deux divisions de cavalerie appartenaient aux Ier et IIIe corps : elles étaient momentanément placées sous les ordres du général Niel. Cette circonstance oubliée, par l'empereur, ne fut pas sans influence sur les événements de la journée à Solférino, on le verra par la suite.

L'empereur hésite à franchir ce défilé; il n'est pas satisfait des dispositions qu'il a prises; son aile gauche est au lac de Garde, mais son aile droite est au milieu d'une plaine parfaitement unie. Il passe la journée du 22 juin à rectifier son ordre de bataille. Laissant le gros de son armée là où il se trouve, il donne au maréchal de Mac-Mahon l'ordre de se rendre à Castiglione. Il amène lui-même sa garde à Montechiaro. « L'armée alliée est ainsi échelonnée, la gauche en avant, dit la relation française, le IIe est en ligne avec l'armée piémontaise; le IVe soutient le IIe, et le IIIe soutient le IVe. Dans le cas d'une attaque de flanc, ces trois corps, par un simple quart de conversion dans chacun d'eux, se trouvent en bataille sur la ligne oblique Castiglione Carpenedolo Mezzane, ayant pour réserve centrale la garde impériale, à Montechiaro; les divisions de cavalerie Partouneaux et Desvaux, sur les flancs de l'échelon du centre, sont prêtes à entrer en ligne. » La journée se passe à interroger l'horizon; les partis que l'empereur a envoyés en reconnaissance reviennent au soir; ils n'apprennent rien que l'on ne sache en termes généraux. L'armée autrichienne n'est pas loin vraisemblablement, elle repasse le Mincio. Un détachement est encore à Monzambano, un autre à Goito. L'empereur prend le parti d'attendre. Son ordre de bataille ne le satisfait pas pleinement. Le Ier corps est inutile à Rho; l'empereur donne l'ordre au maréchal Baraguey d'Hilliers de gagner Esenta. L'armée demeure, le 23 juillet, rangée au pied du massif qui domine la contrée environnante. Cette fois l'ordre de bataille est parfait il n'y a plus à y revenir. L'embarras est de savoir ce que veut l'ennemi.

L'empereur n'entend pas, cette fois, se laisser surprendre; il se rend à Desenzano, pousse avec le roi de Sardaigne une reconnaissance aux environs du lac de Garde, il n'aperçoit rien; de retour à son quartier général, l'Empereur se rappelle qu'il s'est fait suivre par l'aéronaute Godard. A l'aide d'un ballon, on verra ce qui se passe au milieu du massif. L'aéronaute est mandé il gonfle son ballon, s'élève dans les airs, redescend enfin. Il a fouillé avec un télescope toute la contrée et n'a aperçu que trois cavaliers, près de Monzambano. On ne saurait dès lors en douter, l'armée autrichienne a repassé le Mincio, l'Empereur se décide à la suivre; néanmoins, il juge prudent avant de donner des ordres définitifs, d'attendre les rapports de la journée.

Les rapports arrivent vers le soir; ils semblent quelque peu confus; ils s'accordent cependant à signaler la présence de l'ennemi.

Un parti de cavalerie avec deux pièces de canon est venu la veille dans la soirée, à Solferino.

Au matin, de grosses masses sont apparues sur les bords du

Mincio ; la poussière, soulevée par leur marche, n'a pas permis de les évaluer ; elles arrivent de Goito et se dirigent vers Guidizzolo.

L'ennemi est à Volta ; il y a de l'infanterie, de l'artillerie et de la cavalerie.

Un gros de six mille hommes environ s'avance vers Solferino. Ce détachement entre à Solferino ; il descend la pente, se rapproche de Le Grole, il installe ses bivouacs au pied des collines.

Cavriana est occupé.

L'ennemi a dépassé Guidizzolo, il arrive à Medole ; les hussards de grand'garde ont échangé des coups de sabre.

A la fin de la journée, les avant-postes de l'ennemi sont établis sur la grande route de Goito, à la hauteur de Medole.

Ces rapports ne s'accordent pas avec les dires de l'aéronaute, mais il n'est pas impossible de les concilier. Les observations ont été faites à des heures différentes. L'armée autrichienne regagne Vérone sans nul doute ; elle est tellement loin que l'aéronaute n'a pu l'apercevoir. L'ennemi ne songe pas à livrer une bataille, autrement il n'eût point abandonné des positions aussi fortes que celles de la roche de Solferino. Dès lors on ne saurait lui prêter raisonnablement l'idée de revenir sur ses pas et de livrer la bataille dans la plaine, le Mincio à dos. Les mouvements de troupes que l'on a observés dans l'après-midi s'expliquent d'autre façon. L'ennemi se tient sur ses gardes ; il surveille l'armée alliée ; il ne s'en tient pas à de faibles reconnaissances de cavalerie ; il profite des accidents du terrain pour arriver en forces et voir de près ce qui se passe au bord de la Chiese. L'empereur s'arrête à cette interprétation ; les ordres de marche sont donnés ; l'armée se rapprochera du Mincio ; le soir elle se trouvera répartie entre Guidizzolo, Medole, Cavriana, Solferino, Castiglione. En raison de la grande chaleur, les troupes se mettront en marche à deux heures du matin. Comme il s'agit d'une simple étape, l'empereur ne rejoindra que tard dans la matinée.

L'empereur se méprenait. Les détachements isolés que l'on avait aperçus durant le cours de la journée n'étaient autres que l'armée ennemie.

SOLFERINO

LII

Il reste à dire ce qu'était devenue l'armée autrichienne. Au moment où l'affaire de Melegnano s'engageait, la retraite était décidée, on le sait. Il importait, cependant de ne rien précipiter. L'ennemi n'était pas loin, il semblait en force. Le feld-zeugmestre proposa donc à Hess de défendre, encore le lendemain, le cours de la Muzza. L'armée gagnait ainsi le temps de repasser l'Adda. Hess approuva la mesure, et s'en retourna dans la nuit à Vérone.

Le 9 juin au matin, Benedek, sortant de Lodi avec le VIIe et le VIIIe corps, arriva sur les bords de la Muzza, entre Galgagnano et Lodi-Vecchio se relia ainsi aux Ier, IIe, IIIe, V^e et IXe corps, qui occupaient Borghetto, San-Angelo, Codogno, et Corteolona. L'ennemi ne bougea pas. Les VIIe et VIIIe corps demeurèrent toute la journée là où ils se trouvaient. Pendant ce temps, les Ier et IIe corps filèrent vers l'Adda, passèrent la rivière sur un pont de bateaux jeté à Vinzasca; ils couchèrent à Gombito. Le IIIe marchait sur leurs traces; il dut faire halte en deçà de la rivière, à Bertonico. Le IXe gagna Pizzighettone, rallia la garnison de cette petite place et alla bivouaquer à Acquanegra. Le Ve passa la nuit à Casalpusterlengo; le quartier général, à Cavatigozzi. La garnison de Plaisance employa cette journée à enlever le matériel de la place et à faire sauter les fortifications. Urban était encore à Vaprio.

Le 10 juin, Benedek ramena ses troupes à Lodi, sans autre événement, traversa l'Adda; le pont de Lodi fut brûlé. A la fin de la journée, le VIIe corps était à Crema; le VIIIe, à Vigadore; plus au sud, le Ier, à Azzanello; le IIe, à Castel-Visconti, le IIIe, à Soresina; le IXe, à Acqua Negra; le Ve, rejoint par la garnison de Plaisance, à Farfengo; le quartier général, à Soresina; Urban, à Vaprio; une brigade, à Romano sur le Serio.

Le 11 juin, le VIIe corps était à Orzinovi; le VIIIe, à Crema; le Ier, à Mottella; le IIe, à Gabbiano; le IIIe, à Padernello; le Ve, à Quinzano;

le IXe, appelé à former la garnison de Mantoue, à Cigognolo ; le quartier général, à Verolanova.

Le 12 juin, l'armée franchissait l'Oglio ; le Ier était à Pompiano ; le VIIIe, à Orzinovi ; le VIIe, à Cignano ; le IIIe, encore à Padernello ; le IIe, à Quinzano ; le Ve, à Verolanova ; le quartier général, à Verolanova. Le IXe, suivant la route de Mantoue, couchait à Piadena ; Urban arrivait à Chiari.

Le 13 juin, le VIIe corps était à Castelnedolo ; le VIIIe, à Cignano ; le Ier, à Bagnolo ; le IIe, à Quinzano ; le Ve, à Ponte-Vico ; le IIIe, à Padernello ; le quartier général, à Leno. Le IXe couchait à Marcaria ; Urban, à Poncarale.

Le 14 juin, le VIIe était à Montechiaro ; le VIIIe, à Leno ; le Ier, à Bagnolo ; le IIe, à Pralboino ; le IIIe, à Gambaro ; le Ve, à Gottolengo ; Urban, à Castelnedolo ; le quartier général, à Leno. Le IXe séjournait à Marcaria.

Le 15 juin, l'armée passait la Chiese ; le VIIe, était à Montechiaro ; le VIIIe, également à Montechiaro ; le Ier, à Chiarini ; le IIe, à San-Cassiano, le IIIe, à Castelgoffredo ; le Ve, à Carpenedolo ; le quartier général à Castiglione. Urban, après une escarmouche avec les Garibaldiens, était à Ponte San-Marco ; le IXe, à Gazzoldo.

De ce jour, l'armée autrichienne passait sous les ordres immédiats de l'empereur. Elle demeurait néanmoins répartie en deux armées, commandées : la première, par le comte Wimpfen ; la deuxième, par le comte Schlick. Le comte Giulay rejoignait le régiment qui portait son nom. Il continuait à servir. Cette nuance tempérait une disgrâce que les circonstances rendaient nécessaire.

Le feld-zeugmestre laissait l'armée dans des conditions satisfaisantes. En général, les retraites affaiblissent le moral du soldat. Il n'en était pas de même cette fois. Depuis des jours, l'ennemi ne s'était pas montré. Dans la pensée du soldat, il ne l'osait. L'armée autrichienne rejoignait l'armée que l'empereur réunissait à Vérone ; cette concentration opérée, elle reprenait l'offensive, cette fois victorieusement. Le feld-zeugmestre développait une idée semblable dans le mémoire qu'il adressait de Verolanova à l'empereur.

Nous arrivons au pied du massif de Solferino, mandait-il en termes généraux ; c'est là qu'il faut engager la bataille qui décidera du sort de l'Italie. J'ai toujours exprimé cette opinion et encore à cette heure je ne m'en départs pas. La position est forte, la plus forte de toute la contrée. Elle se prête à la défensive non moins qu'à l'offensive. En bataille sur les dernières pentes du massif, entre Esenta et Castiglione, soutenue par le feu de sa nombreuse artillerie, l'armée est en mesure d'arrêter l'ennemi au passage de la Chiese. Elle donne ainsi à l'empereur le temps d'intervenir ; l'armée que Sa Majesté a concentrée aux environs de Vérone, franchit le Mincio à Goito, suit la grande route de Brescia, arrive sur le flanc de l'ennemi, le déborde et le rejette au milieu des Alpes.

LII

L'idée de livrer une bataille aux environs de Solferino était accptée par l'empereur François-Joseph, non sans inquiétude cependant. Il importait d'en finir. L'attitude hostile de la Russie, au moins cauteleuse de la Prusse, l'imminence de troubles en Hongrie, le désarroi des finances, ne permettaient pas de prolonger la lutte; mais les chances d'une bataille ne semblaient pas en faveur de l'Autriche. Inférieure en qualité, nul ne pouvait le méconnaître, l'armée égalait à peine en nombre celle des alliés. On s'en inquiétait. Aux prises avec les réalités, on appréciait enfin ce que valent ces états de situation calligraphiés par les chancelleries militaires, et dès lors acceptés sans conteste par les bourdons politiques. L'Autriche, elle aussi, devait avoir son million d'hommes sous les armes; mais de ce million, que restait-il?

L'armée autrichienne, on le sait, avait été mobilisée tout entière aux premiers jours d'avril; elle réunissait ainsi six cent soixante-quatorze mille hommes [1]. Les ressources de la monarchie, cependant, n'étaient pas encore épuisées. Les engagements volontaires avaient amené sous les drapeaux environ trente-deux mille hommes; l'appel des conscrits de 1859 fournissait encore quatre-vingt-quatre mille hommes. A l'aide de ces recrues, on avait organisé vingt nouvelles brigades; les vingt brigades réunies aux dix-sept brigades des IVᵉ, VIIᵉ, et XIIᵉ corps, formaient une réserve de sept corps d'armée. Restaient quarante-cinq brigades réparties en neuf corps d'armée, l'effectif de ces neuf corps d'armée devait être de trois cent soixante mille hommes. Mais il n'en était pas ainsi. Le nombre des hommes présents sous les armes ne s'élevait pas à plus de deux cent mille hommes. Qu'étaient devenus les autres? Ils étaient encore aux dépôts, rejoignaient leurs régiments, encombraient les hôpitaux et les cimetières. Les pertes du fait de l'ennemi n'étaient pas considérables, de quinze mille hommes au plus; mais du fait des maladies, elles étaient énormes. Les hôpitaux situés aux environs de Vérone comptaient plus de cinquante mille malades. On expédiait chaque jour de longs convois de ces infortunés en Istrie, en Hongrie, jusqu'en Bohême; et cependant les hôpitaux ne désemplissaient pas; à la fin de la guerre, le nombre des malades était de quatre-vingt-quatre mille.

---

[1] Non compris les corps sédentaires, tels que gendarmes, services, etc.

C'est ainsi que fondent les armées et que le million d'hommes se trouve être le plus souvent une figure de rhétorique.

L'empereur François-Joseph, troublé à la vue des états de situation, se demandait s'il ne devait pas attendre des renforts tirés d'Allemagne, il hésitait ; selon l'expression consacrée, il cherchait à s'éclairer, au grand détriment de ses affaires. Il existe en effet aux armées, comme ailleurs, nombre de gens qui, sans avoir d'idées propres, critiquent avec une perspicacité souvent extraordinaire les idées des autres, et ruinent ainsi par leurs raisonnements les plans les mieux conçues. L'empereur écoutait cette engeance, peste des quartiers généraux, passait, ainsi qu'on ne tardera pas à le voir, d'une idée à une autre.

Les circonstances, il faut le reconnaître, ne lui venaient pas en aide. L'art de la guerre est essentiellement conjectural, et les renseignements qui arrivaient à Vérone ne permettaient pas de baser un plan d'opérations sur des données quelque peu vraisemblables. Les alliés s'étaient si fort attardés qu'en raison de leur éloignement, ils échappaient à toute investigation.

Étaient-ils encore à Milan, avançaient-ils dans la Lombardie ? Nul ne savait même le dire. Le seul point de repère était la présence d'une flotte française dans l'Adriatique et l'approche du corps d'armée envoyé en Toscane sous les ordres du prince Napoléon. Le quartier-maître général Hess en augurait que l'empereur songeait à tourner les places du quadrilatère. Il ne se doutait pas de l'impéritie du personnage, lui prêtait des conceptions stratégiques et s'imaginait que l'armée alliée longeait le cours du Pô, de façon à rallier les troupes du prince Napoléon, et celles que la flotte française pouvait débarquer à l'embouchure du fleuve. Le plus sage dès lors lui semblait de repasser le Mincio, de cantonner l'armée au milieu des places fortes, de laisser l'ennemi dévoiler ses intentions, sauf à prendre l'offensive, mais alors en pleine connaissance de cause. Ce parti n'était pas sans inconvénients, et les connaisseurs en stratégie ne se faisaient pas faute de les signaler. Aux environs du lac de Garde, le cours du Mincio, alternativement dominé par l'une ou l'autre rive, n'est pas facile à défendre, et l'armée autrichienne, une fois forcée, n'avait d'autre ressource que de repasser l'Adige. Le quartier-maître général ne le méconnaissait pas : il avait même donné l'ordre de construire des ponts sur l'Adige, néanmoins, il persistait. L'empereur avait fini par se ranger à son opinion. Il avait fait connaître ses intentions au comte Giulay, qui gardait encore le commandement. Le 16 juin, l'armée autrichienne s'était remise en marche vers le Mincio. Elle avait quitté ses bivouacs depuis plusieurs heures, lorsqu'arriva un contre-ordre.

Ce revirement était dû à l'intervention du feld-maréchal lieutenant Ramming, que le feld-zeugmestre avait envoyé la veille au quartier général de Vérone. Ramming annonçait que l'ennemi s'était montré à Castelnedolo. Les garibaldiens avaient été seuls engagés, mais étaient soutenus par l'armée sarde ; dès lors il était évident que les alliés se disposaient, non à tourner l'armée autrichienne, mais à l'attaquer de front. Ramming avait représenté, avec plus de force que jamais, la nécessité de se maintenir sur les bords de la Chiese, et s'était fait écouter de l'empereur. Des ordres avaient été donnés en ce sens, mais tardivement ; ils n'étaient parvenus au feld-zeugmestre qu'au moment où les troupes arrivaient au Mincio. Il fut impossible ce même jour de regagner la Chiese. A la fin de la journée du 17 juin, l'armée se trouvait ainsi répartie. Le VIIIe corps à Castiglione ; le VIIe, à Lonato ; le Ier, à Castel-Venzago ; le Ve, à Volta ; le IIIe, à Goito ; le IXe, à Roverbella ; le IIe, à Mantoue ; le XIe, à Tormene ; le Xe, sur le bas Pô, à Nogara.

La façon dont l'empereur signalait son intervention n'était pas heureuse. Les marches et contre-marches avaient harassé les troupes, et jeté le désordre dans les services. Des corps entiers avaient à peine reçu la moitié de leurs rations de pain ; d'autres séparés de leurs marmites n'avaient pu faire la soupe : les épreuves du soldat, cependant, ne touchaient pas encore à leur terme.

L'idée d'engager une bataille sur les bords de la Chiese était déjà abandonnée, mais aucune résolution n'était prise. Surpris de ne pas recevoir d'ordres, le feld-zeugmestre signala le danger de la situation. En flèche à Esenta et Lonato, les VIIe et VIIIe corps couraient le risque d'être écrasés. Il lui fut répondu cette fois que l'intention définitive de l'empereur était de repasser le Mincio. Sur ces entrefaites, le comte Schlick rejoignit et prit le commandement des Ier, V^e, VIIe et VIIIe corps, appelés à former la deuxième armée. Le comte Schlick avait pour instructions d'attendre les décisions ultérieures de Sa Majesté, de se borner à disputer le terrain si l'ennemi se présentait, et de repasser le Mincio.

Au quartier général, on se perdait en conjectures. L'ennemi, disait-on, se trouvait assurément à Brescia ; ses bivouacs se discernaient même du clocher de Ponte San-Marco. A cela, Hess répondait que l'ennemi ne bougeait pas, qu'il n'était donc pas en force et que le gros de l'armée alliée se rapprochait bien de Mantoue. Au milieu du conflit arrivaient les rapports qui donnaient raison aux uns, puis aux autres. L'empereur s'était décidé enfin à repasser le Mincio. Il ne voyait là cependant qu'un terme moyen ; car il motivait cette résolution fort diversement. Ainsi dans ses instructions au comte Schlick, il disait que l'ennemi suivait en ce moment la route de Milan, et que, selon toute probabilité, il ne tarderait pas à arriver au pied du massif de Solferino. Le lendemain, il s'exprimait tout autrement « Jusqu'à présent, écrivait-il à l'archiduc Albert, la deuxième armée est restée sur la rive droite du Mincio ; il nous fallait attendre des renseignements sur les mouvements de l'ennemi. Nous en avons à cette heure. Ils sont vagues en ce qui touche les dates ; mais pris dans leur ensemble, ils donnent à penser que l'ennemi se rapproche du bas Oglio et menace ainsi Mantoue. L'armée, formée de sept corps d'armée et d'une réserve, se concentrera le 21 juin sur la rive gauche du Mincio, entre Valeggio, Villafranca, Goito et Tormene pour être en mesure d'agir selon les circonstances. L'ennemi se propose d'attaquer Venise, en même temps de lancer sur nous le corps du prince Napoléon et couper ainsi nos communications. Nous n'avons que le Xe corps pour défendre le cours du fleuve, et surveiller les passages depuis Ostiglia jusqu'à l'embouchure. L'ennemi a partout l'avantage du nombre. Notre situation à tout point de vue est fort embarrassante. »

<h2 style="text-align:center">LIV</h2>

Pour le moment, on s'en tint à ce dernier parti. Le 20 juin, l'armée se remit en marche, gagna vers le soir le Mincio ; elle disposait de huit ponts, situés : deux à Peschiera ; un à Salionze ; un à Monzambano ; un à Valeggio ; un à Ferri ; deux à Goito ; la ville de Goito était la plus couverte par une tête de pont ; le passage était donc parfaitement assuré ; l'armée franchit la rivière, arriva sans encombre à sa destination.

Le 21 juin, le VIIIe corps était à Oliosi ; le 1er, à Quaderni ; le Ve, à Valeggio ; le VIIe, à Mozzecane ; le quartier général du comte Schlick, à Valeggio.

Le IIIe était à Pozzolo ; le IXe, à Goito ; le XIe, à Tormene ; le quartier général du comte Wimpfen, également à Tormene ; le IIe, toujours à Mantoue ; le grand quartier général de l'empereur, à Villafranca.

En prévision d'une offensive, qui était fort vraisemblable, les ponts furent conservés, on en jeta même un de plus à Ferri, et l'on en ajouta encore un aux deux qui existaient déjà à Goito.

Durant ces deux journées, l'ennemi s'était tenu parfaitement coi. Au moment même où les troupes quittaient leurs bivouacs de Castiglione et de Lonato, on ne discernait encore rien à l'horizon. Cependant, des patrouilles, parties le 20 de Goito, avaient aperçu, disaient-elles, plusieurs piquets de cavalerie. Arrivées à Medole, elles avaient appris que des chasseurs d'Afrique venaient de quitter la ville, et que des troupes françaises étaient en nombre considérable à Montechiaro. Le 21, d'autres patrouilles annonçaient qu'au dire général, les Français avaient poussé leurs avant-postes jusqu'à Castiglione. Ces renseignements jusqu'alors étaient simplement basés sur les dires des habitants. Il fut décidé qu'une forte reconnaissance de cavalerie serait envoyée au delà du Mincio. Le major Appel se rendit le soir même à Pozzolengo, il avait sous ses ordres deux escadrons de cavalerie et deux pièces d'artillerie, pouvait ainsi se risquer au loin, approcher l'ennemi, voir ce qui se passait. Le 22 juin, le major battit toute la contrée, rencontra l'ennemi aux environs de Rivoltella, puis à Castelvenzago, à Castiglione, à Carpenedolo, à Castelgoffredo. De retour à Medole, il confirmait les rapports qu'il avait envoyés dans la journée, et terminait sa dépêche par ces mots : « De Castiglione à Castelgoffredo, tout ce que nous avons vu appartenait à l'armée française; le reste, jusqu'à Rivoltella, faisait partie de l'armée sarde. De plus, les renseignements que nous avons recueillis, disent que les Français sont en force à Castiglione, Castelnedolo et Carpenedolo; dans cette dernière localité, il y a au moins dix mille hommes. Tel est, en effet, le nombre des rations qui ont été requises. » Le major avait vu de près l'ennemi; à diverses reprises il avait essuyé son feu et perdu ainsi onze hommes et dix-neuf chevaux [1].

Rien n'était plus clair, l'armée alliée ne suivait pas le cours du Pô, comme le quartier-maître général le pensait; elle arrivait tout uniment par la grande route de Milan. On avait donc abandonné fort mal à propos la position de Solferino. Mais là n'était pas l'affaire. Il s'agissait de prendre un parti. L'armée autrichienne n'avait aucune chance de se maintenir sur les bords du Mincio, nul ne le méconnaissait. Il fallait donc la ramener au delà de l'Adige ou passer le Mincio et livrer la bataille. Le quartier-maître général avait ses instructions prêtes, en vue de l'une ou de l'autre éventualité. La route était reconnue jusqu'à l'Adige; des ponts étaient jetés à Zevio, Albaredo, Bonavigo; les détails de la retraite étaient prévus avec cette minutie qui appartient encore à l'état-major autrichien. S'agis-

[1] Dans un rapport en date du 23 juin, à huit heures du matin, le major ajoutait : « Il n'est pas douteux que l'ennemi ne se trouve entre Carpenedolo, Castiglione, Montechiaro, Lonato; l'aile gauche en avant, massée entre Dezenzano et Rivoltella. » La relation de l'état-major français donne à penser que le major, contrairement à ses instructions, ne s'était pas approché de l'ennemi et qu'il avait ainsi induit en erreur l'empereur François-Joseph, sur les positions occupées par les alliés. Elle en tire la conclusion que si l'empereur des Français fut surpris le 24 juin, l'empereur d'Autriche ne le fut pas moins.

sait-il de prendre l'offensive, les opérations étaient de même réglées à l'avance. En termes généraux, l'armée autrichienne laissait à Nogara, cinq brigades du X° corps, destinées, comme par le passé, à surveiller le cours inférieur du Pô ; une brigade, non compris les quatrièmes bataillons à Vérone ; une brigade à Peschiera ; une à Mantoue. Restaient disponibles trente-sept brigades d'infanterie, quatre brigades de cavalerie de réserve. Ces forces étaient réparties en huit corps d'armée et deux armées. Le comte Wimpfen avait sous ses ordres les II°, III°, IX° et XI° corps, la cavalerie du comte Zedtwitz ; le comte Schlick avait les I°ʳ, V°, VII° et VIII° corps, la cavalerie du comte Mensdorff. L'empereur commandait en personne.

L'armée se tenait prête à marcher, le 24, à neuf heures du matin ; le soldat devait avoir mangé la soupe. Selon toute vraisemblance l'ennemi avait passé la Chiese ; il se trouvait sur l'autre rive, entre Desenzano, Lonato, Castiglione et Carpenedolo ; il avait de fortes avant-gardes en vue du Mincio. La II° armée passait la rivière aux environs du lac de Garde, refoulait les avant-gardes de l'ennemi, pénétrait ainsi dans le massif. La I°ᵉ armée passait à son tour, mais plus bas. A la fin de la journée, l'armée bivouaquait entre Pozzolengo, Solferino et Guidizzolo. Maîtresse des terrains abruptes qui dominent le lac, dès lors assurée de n'être point tournée, l'armée avançait le lendemain par une conversion de la droite à la gauche, poussait l'ennemi entre Castiglione, et Carpenedolo, passait la Chiese, arrivait sur les communications de l'armée alliée qui se trouvait rejeté dans les Alpes.

Ce plan judicieux avait été adopté par l'empereur, mais on ne savait pas encore le 22, où se trouvait l'ennemi. Les rapports du major Appel ne laissant aucun doute à cet égard, l'empereur jugea que la journée du 24 était trop éloignée, en conséquence les ordres de marche furent donnés immédiatement.

Le lendemain 23, à neuf heures du matin, les troupes quittèrent leurs bivouacs et se rapprochèrent du Mincio. L'ennemi était encore loin ; des patrouilles seules se discernaient à l'horizon. Le VIII° corps traversa la rivière à Salionze et Monzambano ; le V°, à Valeggio ; le I°ʳ, le VII° et la réserve de cavalerie Mensdorff à Ferri ; le III° également à Ferri ; le IX°, le II° et la réserve de cavalerie Zedtwitz, à Goito ; la réserve d'artillerie dut rester en arrière ; elle parqua à Rosegaffero. Au soir le VIII° corps était à Pozzolengo ; les brigades Waterwliet et Berger, en deçà du Mont San-Giacomo ; les brigades Lippert, Reichlin, Philippovic et Dauber aux environs de Pozzolengo.

Le V° corps arriva à Solferino entre quatre et six heures. La brigade Bils bivouaqua sur les dernières croupes qui se rattachent à la roche de Solferino ; ses avant-postes, à Le Grole, Barche di Solferino,

et autres localités voisines de Castiglione; la brigade Puchner, sur
d'autres croupes attenant à la roche; la brigade Festeticz, à la
roche même; les brigades Koller et Gaal, en arrière au Monte-Croce.

Le 1er corps fit halte à Cavriana; la brigade Hoditz, à San-Cassiano; les brigades Rezniscek, Paszthory et Brunner, à Cavriana
même.

La réserve de cavalerie Mensdorff, à Tezze.

Le VIIe corps, à Foresto; les brigades Fleischhaker et Wallon, à
Foresto même; les brigades Gablenz et Hess, à Volta.

Le quartier général de la IIe armée, à Volta.

Le IIIe corps, brigades, Pokorny, Dienstel, Wetlar, Hartung,
Rösgen, à Guidizzolo.

Le IXe corps, brigades Castiglione, Wimpfen, Benedeck, Blumencron, Fehlmayer, également à Guidizzolo; deux bataillons, deux
pelotons, de cavalerie, quatre pièces d'artillerie détachés de la brigade Blumencron, à Medole; un bataillon de chasseurs, rejoint plus
tard par un bataillon du IIIe corps, un peloton de hulans, deux pièces
d'artillerie, à le Casa Morino, sur la route de Castiglione.

Le XIe corps, brigades Klapka, Greschke, à Cerlungo, deux
bataillons détachés, à Goito, les brigades Baltin, Dobrzensky et
Host, à Castel-Grimaldo.

La réserve de cavalerie Zedtwitz, brigade de dragons Lauingen,
entre Medole et Guidizzolo; brigade de hussards, à Gazzoldo.

Le IIe corps brigades Szabo et Kintzl, sorti de Mantoue, à Marcaria.

Le comte Schlick, avait son quartier général à Volta.

Le comte Wimpfen, à Cereta; l'empereur, à Valeggio.

Une division du Xe corps était appelée à Mantoue.

L'ennemi était toujours au bord de la Chiese; ses campements,
ses parcs d'artillerie mêmes se voyaient de Solferino. Les dispositions pour la journée du lendemain furent prises sur cette donnée.
L'armée devait lever ses bivouacs à neuf heures du matin. Le
VIIIe corps s'avançait vers Lonato; le Ve, vers Castiglione; le 1er les
rejoignait à Esenta; le VIIe suivait et demeurait en réserve à Le
Fontane; la réserve de cavalerie poussait vers Montechiaro.

Le IXe corps traversait Medole, prenait à gauche, entre Carpenedolo et Aquafredda, laissait ainsi le passage libre au IIIe corps qui
attaquait Carpenedolo; le IXe corps appuyait le IIIe, et la position
une fois enlevée, les deux corps traversaient la Chiese à Bosco, le
XIe suivait, faisait halte à Campidello à la jonction des routes qui
mènent à Castiglione et à Carpenedolo; il y attendait des ordres
ultérieurs. La réserve de cavalerie Zedtwitz arrivait à l'extrême gauche de l'armée; le IIe corps la rejoignait à Asola.

En s'attardant sur les bords de la Chiese, l'empereur des Français avaient abandonné aux Autrichiens la clef de la position, il est facile de le voir sur le terrain.

Jusqu'aux environs de la Chiese, le sol, bien que plus rocailleux, demeure encore uni. Les arbres se succèdent sans fin ; l'horizon fuit, se perd dans le vague, puis une ligne bleue se profile sur le ciel ; insensiblement elle s'élève, enfin apparaît un massif de collines sombres ; ces collines se succèdent en forme d'arc de cercle, s'entassent jusqu'à la roche de Solferino. La roche elle-même est couronnée par une haute tour isolée dans l'espace, la Spia d'Italie. Cette tour domine de plus de 100 mètres la contrée environnante ; au sud, la plaine sans limites, jusqu'à l'Apennin ; au nord, le massif amphithéâtre naturel qui contient les eaux du lac de Garde.

Les crêtes du massif étroites et allongées, rompues par des ravines profondes, s'abaissent en gradins, puis s'étendent en pente douce jusqu'aux bords du lac. Elles sont couvertes d'une herbe courte, de buissons bas, de vignes ; vers le lac, d'arbres nombreux et magnifiques. De loin en loin, se détachent en clair des maisons isolées, parfois groupées, réunies par des murs et des terrasses en pierre sèche, une chapelle, la Madona delle Scoperte. Entre ces crêtes serpentent des ruisseaux invariablement nommés Redone, qui forment des marécages, des étangs et s'écoulent, après d'innombrables sinuosités, vers le Mincio. La contrée aux environs du lac est traversée par le chemin de fer et la chaussée qui relie Brescia, Lonato, Peschiera et Vérone. Il n'existe dans le massif que des chemins raboteux, accessibles cependant aux troupes de toutes armes ; d'ailleurs, les collines peuvent être gravies et suivies par l'infanterie. Il n'en est pas de même aux environs de la roche de Solferino. Les crêtes, de plus en plus escarpées, parfois à pic, ne sont pas faciles à escalader. Les positions sont fortes, mais les sommets ne laissent pas l'espace nécessaire au déploiement de troupes ; les fronts, des plus restreints, sans soutien de flanc, peuvent être assaillis de tous côtés. Les collines au delà de Solferino, vers le Mincio, s'abaissent en forme de plateau, s'espacent et finissent par rejoindre ainsi les Alpes.

Au pied du massif s'étend la plaine ; elle ressemble au reste du pays ; les champs, coupés par des canaux d'irrigation, sont plantés d'innombrables mûriers ; le pays conserve ainsi cet aspect de forêt particulier à la vallée du Pô. Seulement entre Medole et Cavriana le sol se dénude sur un espace de deux mille de long et trois mille pas de large environ ; cette friche offre un beau champ de manœuvres pour la cavalerie. Ailleurs, l'infanterie seule peut se mouvoir en masse non sans peine encore, gênée qu'elle est par les canaux d'irrigation. Au milieu de la plaine sont disséminés de gros villages, des hameaux, des maisons isolées, solidement construites en pierre ; les groupes les plus con-

sidérables sont Carpenedolo, Aquafredda, Castel-Goffredo, Guidizzolo, Ceresara, Goito ; dans la montague, Solferino, Cavriana,
Volta, Pozzolengo. Les diverses localités de la plaine sont reliées par
des chemins nombreux généralement bordés d'arbres et de canaux
d'irrigation : la voie la plus importante est la grande route qui
mène de Brescia à Mantoue, traverse ainsi la Chiese et le Mincio.
Les bivouacs des alliés, en majeure partie au delà de la Chiese,
s'étendaient sur un espace de six lieues.

Les deux armées étaient égales en nombre, elles réunissaient
l'une et l'autre environ cent cinquante mille hommes.

XLV

A la pointe du jour, l'armée alliée quitta ses bivouacs. L'étape
n'était guère de plus de deux lieues. Le IV⁰ corps, on le sait, devait
aller coucher à Guidizzolo ; le III⁰, à Medole ; le II⁰, à Cavriana, le 1ᵉʳ,
à Solferino ; l'armée sarde à Pozzolengo ; la Garde, à Castiglione.
Les ordres de l'empereur, rédigés comme toujours en termes généraux, laissaient aux commandants des corps d'armée le soin de
régler entre eux les dispositions qu'il convenait de prendre pour ne
pas gêner la marche de leurs colonnes.

Le maréchal Canrobert s'était entendu dans cette pensée avec le
général Niel. Il lui abandonnait le chemin qui relie Carpenedolo,
Medole, Guidizzolo, et se proposait de gagner Medole par un détour.
Le maréchal passa la Chiese, non à Mezzane même, mais plus bas
à Vizano, traversa le village d'Acqua Frodda et arriva vers sept
heures du matin à Castelgoffredo. Les hussards de l'escorte sabrè-
rent des cavaliers autrichiens qui se trouvaient dans la ville. Le
maréchal continua sa marche vers Medole sans autre événement,
ses divisions échelonnées à une heure de distance.

Le général Niel était au delà de la Chiese. Il prit avec son
infanterie le chemin de Medole ; la cavalerie se tenait sur sa gauche.
Non loin de Medole, on rencontra de la cavalerie, puis de l'infanterie ennemie ; l'infanterie, embusquée dans les vergers qui entou-
rent Medole, se maintint avec une opiniâtreté qui ne laissa pas de
surprendre. Il fallut amener du canon, engager deux brigades ; vers
sept heures, la position fut enlevée. Le général Niel, à tout hasard,
donna l'ordre de mettre le village en état de défense. On se rapprocha de Guidizzolo toujours au milieu des vergers. Enfin, par une
éclaircie, on aperçut les bivouacs ennemis. Le général de Luzy, qui
marchait en tête de la colonne, déploya sa division entre les hameaux
de Rebecco et de Baite. Le général Vinoy, débouchant à son tour,

se dirigea vers la Casa Nuova, et parvint ainsi à la lisière de la friche qui s'étend jusque vers Cavriana. Le général de Failly était encore vers huit heures en deçà de Medole; la cavalerie, entre Medole et la chaussée de Mantoue.

Le maréchal de Mac-Mahon, au sortir de Castiglione, suivit la chaussée de Mantoue. Vers trois heures du matin, il se trouva près d'un monticule isolé, le Monte Medolano. L'ennemi s'était logé dans une ferme voisine, la Casa Morino. Le maréchal, aux premiers coups de feu, gravit le Monte Medolano, il découvrit ainsi les bivouacs ennemis. Évidemment l'armée autrichienne était revenue sur ses pas. Les reconnaissances de la veille l'avaient fait pressentir au maréchal. Il avait transmis ses observations, mais on ne s'en était pas embarrassé. L'empereur, cette fois encore, allait être surpris. Le maréchal se hâta de le faire prévenir, puis il déploya la division Decaen à droite et à gauche de la chaussée, laissa la division de La Mothe-Rouge sur la grande route et attendit ainsi les autres colonnes.

Le maréchal Baraguey d'Hilliers savait que des Autrichiens étaient dans les environs. Il s'attendait à quelque affaire, et avait pris ses dispositions en conséquence. Le général Ladmirault s'engagea dans les ravins qui mènent à Solferino, en passant par Santa-Maria, Astore, Barche de Castiglione, Barche de Solferino. Le général Forey, suivi à distance par le général Bazaine, contourna le massif, traversa Castiglione, puis gravit les crêtes qui se rattachent à la roche de Solferino. Le maréchal Baraguey d'Hilliers, escorté de quelques cavaliers, précédait cette colonne. Il s'en allait observant le pays. Non loin du hameau de Le Fontane, il fut accueilli par une décharge qui partait des fourrés environnants. Le maréchal ne croyait pas l'ennemi aussi proche; il tourna bride, rejoignit ses troupes et donna l'ordre d'attaquer le hameau. Les Autrichiens n'étaient pas en forces; ils regagnèrent, toujours tiraillant, un autre hameau, Le Grole. Le maréchal les poursuivit de crête en crête, les délogea ainsi des Monte Rosso, Valscura; arriva en vue de Solferino. Il reconnut alors qu'il avait affaire, non pas à un détachement de l'armée autrichienne, mais bien à cette armée tout entière. De même que le maréchal de Mac-Mahon il chargea un de ses officiers d'en avertir l'empereur et continua de poursuivre l'ennemi.

---

¹ Ce monticule est célèbre dans l'histoire des guerres de la Révolution. Lors de la bataille de Castiglione, les Autrichiens avaient leur gauche au Monte Medolano, leur droite à Castiglione. Fiorelli arrivait de Mantoue, il enleva le Monte Medolano, tourna l'aile gauche des Autrichiens et décida ainsi du sort de la journée. Le général Bonaparte, on le verra, opéra juste, à l'inverse de l'empereur des Français.

Le roi de Sardaigne était depuis trois jours à Lonato. Les divisions Fanti et Cucchiari campaient autour de la ville; la division Durando, plus au sud, à Malamocco; la division Mollard, à Rivoltella. Pour gagner Pozzolengo, le roi n'avait qu'à suivre la grande route, puis la Strada Lugana qui de Rivoltella mène à Pozzolengo. Seulement il s'éloignait ainsi considérablement de l'armée française : L'ennemi sans doute avait repassé le Mincio; néanmoins il importait de se tenir sur ses gardes. Le roi donna l'ordre au général Durando de traverser le massif, en passant par la Madonna delle Scoperte. L'armée sarde se trouvant ainsi reliée à l'armée française, le général Mollard prenait la tête de la colonne : Cucchiari marchait sur ses traces. Fanti et le roi le rejoignaient quelques heures après. L'armée sarde gagnait ainsi vers le milieu du jour Pozzolengo.

Le général Durando prit le chemin de Castelvenzago, où il arriva à cinq heures et demie du matin : il fit halte, envoya en reconnaissance deux bataillons, une section d'artillerie. Les Sardes ne tardèrent pas à disparaître au milieu des accidents du terrain. Ils descendirent dans le val dei Quadri, poussèrent jusqu'à la Madonna delle Scoperte, située à deux lieues de Castelvenzago. Chargés inopinément par quatre compagnies d'infanterie autrichienne qui arrivaient là par hasard; ils furent rejetés dans le val dei Quadri, où ils attendirent des renforts.

Le général Mollard, laissant à Rivoltella douze bataillons de sa division qui devaient se mettre en route dans la matinée, alla battre les bords du lac avec six bataillons, deux escadrons, répartis en quatre détachements. Le général Cucchiari, de son côté, envoya deux bataillons, deux escadrons, une section d'artillerie sous les ordres du colonel Cadorna, explorer la Strada Lugana. Le colonel rallia en route le général Mollard qui se dirigeait aussi avec un de ses détachements vers Pozzolengo. Les Sardes arrivèrent jusqu'au pied des collines qui abritent Pozzolengo. Là, ils rencontrèrent les avant-postes de l'ennemi, les repoussèrent, mais à ce moment les brigades autrichiennes apparurent sur les crêtes. Les Sardes surpris se hâtèrent de rétrograder; mais poursuivis, atteints aux environs de San-Martino, ils furent mis en déroute. A huit heures, ils avaient disparu dans les fonds.

Au quartier général de l'armée alliée, tout était tranquille. L'infanterie de la garde avait quitté ses bivouacs vers cinq heures du

[1] Ces quatre compagnies appartenaient à la brigade Bils du V⁰ corps. Elles étaient aux avant-postes près des Case Demolite. A l'approche de la colonne du général Ladmirault, elles durent se replier, se trouvèrent séparées de la brigade et filèrent vers Casa d'Urin, et gagnèrent ainsi la madona delle Scoperte.

matin pour se rendre à Castiglione. Les équipages de l'empereur devaient se tenir prêts à sept heures. Sa Majesté dormait encore, le grand état-major, réuni dans l'église de Montechiaro, rendait les derniers devoirs au général de Cotte, frappé d'apoplexie pendant la nuit. Sur ces entrefaites, des officiers arrivèrent, demandèrent à entretenir le grand écuyer. Au premier mot qu'ils lui dirent, le général Fleury se précipita vers la maison de l'empereur, entra dans ses appartements, ouvrit avec fracas les volets, réveilla son maître, et lui apprit que les deux armées étaient aux prises. L'empereur demanda ses équipages, donna l'ordre à l'infanterie de la garde de hâter le pas, à la cavalerie de le rejoindre sans perdre un moment. Des lettres étaient arrivées dans la nuit. Une d'elles offrait, en raison des circonstances, un réel intérêt. La lettre était conçue en ces termes :

Assola, 23 juin 1859, 8 heures du soir.

« Un voiturier, sorti aujourd'hui de Mantoue, rapporte qu'un corps autrichien que l'on juge fort de vingt à trente mille hommes, infanterie, cavalerie, artillerie, est sorti de la place de Mantoue, par la porte Pradella et s'est avancé sur la route postale de Marcaria. Ses avant-postes sont tout près de nous au village d'Acqua Negra. Je me hâte de vous envoyer ces renseignements, afin que vous leur donniez la valeur qu'ils peuvent mériter.

« Fergi ANDREA. »

L'empereur chargea un de ses officiers de porter la lettre au maréchal Canrobert, puis il se jeta dans une calèche de poste, se fit mener bride abattue à Castiglione, où il arriva entre sept ou huit heures du matin. Selon l'usage des généraux, il gravit l'escalier du clocher, parcourut du regard la contrée. L'éloignement des deux armées qui se trouvaient à plus de deux lieues de là ne laissait rien discerner. Après s'être ainsi orienté, l'empereur redescendit; une fois au bas du clocher, il dit aux officiers qui l'attendaient : c'est une grande bataille! puis, montant à cheval, il alla courir dans la plaine.

L'empereur rencontra ainsi le maréchal de Mac-Mahon et lui demanda ce qui se passait. Le maréchal montra à Sa Majesté les colonnes autrichiennes qui débouchaient en ce moment de Guidizzolo. Les dispositions que prenait l'ennemi, l'avaient décidé, à se rapprocher de la friche de Medole. Ses deux divisions d'infanterie étaient déployées en avant de la Casa Morino, la brigade de cavalerie à la gauche de l'infanterie; l'artillerie sur la friche canonnait l'ennemi. Le général Niel lui avait fait savoir qu'il attendait, pour avancer, l'arrivée du maréchal Canrobert. Une fois assuré du concours du général Niel, dit-il, je marcherai sur Cavriana, selon mes instructions ; puis après un silence, il ajouta : Il y a du monde sur les collines, vers Solferino, il faudra veiller ces gens-là. Le maréchal, fort peu causeur de son naturel, retomba dans le silence[1]. L'empereur sachant qu'il n'en tirerait rien de plus, appela un de ses officiers d'ordonnance, l'envoya presser le maréchal Canrobert, puis tournant bride, il alla rejoindre le maréchal Baraguey d'Hilliers. Le maréchal était de fort méchante humeur. Il perdait du monde, n'avançait pas ; il s'en prenait aux uns, aux autres, en particulier aux Sardes, qui, disait-il, ne le secondaient pas. La division Forey se trouvait en ce moment sous le feu des troupes autrichiennes, postées aux environs de Solferino. La division Ladmirault débouchait dans les fonds du Redone ; la division Bazaine, la garde n'avaient pas encore rejoint. Pour le moment, il était impossible de faire plus. L'empereur demeura donc à considérer les évolutions des deux armées dans la plaine. C'était décidément une grande bataille.

LVI

Les Autrichiens étaient demeurés toute la matinée à leurs bivouacs. Nul, à Guidizzolo, n'avait entendu la fusillade de Medole. Le major Urs avait bien signalé l'approche de l'ennemi ; mais les généraux les plus rapprochés ne voyant ni n'entendant rien, l'avaient laissé dire, enfin ils s'étaient rendus à ses appels. Il était trop tard ; les débris des deux bataillons engagés à Medole regagnaient Guidizzolo. Le bataillon de chasseurs arrivait en même temps de la Casa Morino.

La perte de Medole était une fâcheuse affaire ; l'armée autrichienne devait traverser le village pour gagner Carpenedolo. Il fallait à toute force le reprendre. Le comte Schaffgotsche alla trouver le prince Schwarzenberg, le mit au fait de la situation. Les deux généraux s'accordèrent en quelques mots. Il fut décidé que le IXᵉ corps attaquerait Medole, et que le IIIᵉ le seconderait en avançant vers la Casa Morino. Ces dispositions une fois adoptées, les généraux en firent part au comte Wimpfen qui se trouvait encore à son quartier général de Cereta. Il restait à prévenir Zedtwitz ; mais on ne put le trouver, ni lui ni sa cavalerie.

Zedtwitz était allé voir dans la matinée ce qui se passait à Medole.

---

[1] Le discours que le baron de Bazencourt fait tenir à l'empereur des Français est purement imaginaire.

Le feu de l'ennemi atteignant sa calerie, il avait donné l'ordre au général major baron de Lauingen de ramener la brigade sur la route de Ceresara. Ce dernier ne s'était pas tenu là. Il avait regagné Ceresara même; puis ne se trouvant pas encore assez éloigné de l'ennemi, il avait emmené la brigade grand train jusqu'à Goito. Zedtwitz, en ce moment, courait bride abattue chercher sa cavalerie à Goito. Il était inutile de l'attendre.

Schaffgotsche donna l'ordre de marcher à l'ennemi; les brigades Fehlmayer, Blumencron, Benedeck, Wimpfen, en première ligne; Castiglione en réserve. Les colonnes devaient se guider sur le clocher de Medole. Mais ce point de repère ne se discernait pas facilement au milieu des mûriers, des maïs qui s'élevaient à hauteur d'homme. En outre des canaux d'irrigation, des clôtures en pierres entravaient la marche des troupes. Les colonnes ne tardèrent pas à perdre leurs distances. La brigade Wimpfen prenant trop à gauche, dépassa la Seriola-Marchionale. L'affaire s'engagea dans les fourrés. Assaillis au moment où ils s'y attendaient le moins, les Autrichiens rétrogradèrent en désordre. La brigade Wimpfen parvint à se rallier près de la Colombara; mais la brigade Benedeck n'eut pas cette chance; elle fut mise en déroute. Il fallut appeler la brigade Castiglione jusqu'alors demeurée en réserve. Cette brigade repoussa l'ennemi, mais ne dépassa pas Rebecco. Les brigades Blumencron et Fehlmayer se maintinrent entre Rebecco et la Casa Nuova. Un de leurs bataillons s'étant égaré fut enveloppé et pris en majeure partie. Un autre se débanda on ne sait comment.

Les Autrichiens en étaient déjà réduits à la défensive. L'arrivée du III⁰ corps pouvait cependant changer la situation. Les brigades Hartung et Wetzlar avaient traversé Guidizzolo. Elles suivaient la chaussée et se rapprochaient rapidement de la Quagliara. Une fois aux confins de la friche, le prince Schwarzenberg découvrit l'ennemi. S'apercevant qu'il avait affaire à forte partie, il arrêta la colonne, déploya la brigade Hartung à droite et à gauche de la chaussée. La brigade Wetzlar à gauche de la brigade Hartung, vers la Casa Nuova. Il attendit ainsi les brigades Rösgen, Dienstel et Pokorny, qui n'avaient pas encore quitté leurs bivouacs.

Le comte Wimpfen arriva sur ces entrefaites, prit le commandement, donna l'ordre aux trois brigades de se former en bataille entre Guidizzolo et le val del Termine; l'artillerie avança jusqu'à la friche, engagea contre l'artillerie ennemie une canonnade qui, avec des chances diverses, dura toute la journée [1]. La réserve de

---

[1] En définitive, l'artillerie autrichienne ne parvint pas à éteindre le feu des batteries françaises. Il en résulta que l'infanterie ne put dans l'après-midi traverser la friche pour gagner Castiglione, selon l'ordre de l'empe-

cavalerie Mensdorff débouchait au même moment du val del Termine.

Un colonel de hussards du III⁰ corps voyant approcher cette cavalerie, se lança à la charge avec quatre escadrons, bouscula la cavalerie du maréchal de Mac-Mahon, la dépassa. Une fois dans les
fourrés il fit souffler ses chevaux; puis, reprenant sa course, poussa
jusqu'aux environs de Le Grole, où il se heurta contre la cavalerie
de la garde. Tournant alors bride, il sabra en passant l'escadron
laissé à la garde des bagages du IV⁰ corps, rejoignit enfin l'armée
autrichienne [1].

A Solferino, les avant-postes étaient ramenés. La brigade Bils
se maintenait sur les monts Carnal et Costa Mezzana. La brigade
Puchner occupait un peu plus bas, vers la plaine, une croupe ar-
rondie, la Contrada Pozzo-Catena; elle croisait ses feux avec ceux
de la brigade Bils. La brigade Festeticz demeurait en réserve à la
roche de Solferino. Le castel, l'église, le village, le cimetière, étaient
en état de défense. Au pied de la roche, dans les fonds du Redone,
la brigade Koller était déployée entre la Possessione et la Casa
Soresina située sur la crête opposée. La brigade Gaal était encore
au Monte-Croce, le I⁰ʳ corps, à Cavriana, et le VIII⁰, à Foresto.

Plus loin, vers le lac, les Autrichiens, lancés à la poursuite des
reconnaissances sardes, avaient fait halte sur les dernières pentes
du massif, non loin de la croisière de la voie ferrée et de la Strada
Lugana. La brigade Lippert et partie de la brigade Reichlin étaient à
San-Martino; les brigades Berger, Philippovic et Dauber suivaient;

reur François-Joseph. Les relations étrangères attribuent la perte de la
bataille en majeure partie à cette circonstance. « La portée des pièces
autrichiennes, disaient-elles, était moindre sans doute, mais il eût été possible de compenser ce désavantage en amenant sur le terrain un nombre plus
considérable de pièces. Or nul ne songea à se servir de la réserve d'artillerie
qui était de cent douze pièces de canon. Cette réserve demeura toute la
journée parquée à Rosegafferro.

[1] Le baron Edelsheim, colonel du 10⁰ régiment de hussards attaché au
III⁰ corps, avait déjà fait preuve, à Magenta, de cette audace qui est le
propre de l'officier de cavalerie. Vers le soir, chargeant au milieu des
fourrés du Tessin, il avait failli enlever le maréchal Canrobert et était
parvenu à dégager les brigades qui regagnaient Abbiate Grasso. Les détails
extraordinaires de la charge qu'il mena à Solferino, sont relatés par les
Prussiens aussi bien que par les Autrichiens. Ils se trouvent même con-
firmés implicitement par les assertions des Français. Le maréchal de Mac-
Mahon dit que sa brigade de cavalerie fut chargée par des hussards
autrichiens; il ajoute naturellement qu'elle repoussa cette charge. Mais
le général Devaux dit également que l'escadron laissé à la garde des bagages du IV⁰ corps fut assailli en flanc et en queue par les hussards autrichiens. Ces hussards ne pouvaient être que les hussards du colonel
Edelsheim.

la brigade Watervliet formait la réserve au monte San Giacomo ;
un détachement de la brigade Reichlin reliait à San Donino le
VIII° corps avec le gros de l'armée autrichienne. Les Sardes revenaient en force ; le général Mollard suivait la voie ferrée ; le général
Cucchiari, la Strada Lugana. Mollard croyait encore à quelque
affaire d'arrière-garde. Il lança la brigade Coni vers San-Martino.
Les Autrichiens occupaient un terrain ondulé qui s'étend en pente
douce jusqu'au lac. L'église de San Martino, bâtie sur une croupe
isolée, le hameau d'Ortaglia, la Contracania, grosse cascine, en-
tourée de dépendances et de murs en pierre, d'autres cascines
non moins solides offraient à leur infanterie des positions faciles
à défendre. Leur artillerie balayait au loin les pentes. La brigade
Lippert, seule à ce moment à San Martino, fut ramenée jusqu'au delà
d'Ortaglia. Mais, soutenue par la brigade Reichlin et la brigade
Berger, elle finit par repousser les Sardes et les culbuta dans les
fonds. Cucchiari arrivait à ce moment. Il donna l'ordre d'attaquer.
Les brigades Acqui et Casal, formées en quatre colonnes, à droite
et à gauche de la Strada Lugana, gravirent les pentes sous le feu
de l'artillerie autrichienne. Elles dépassèrent San Martino, Ortaglia,
poussèrent jusqu'au hameau de Cassette et de Corbu-di-Sopra.
Écrasées par le feu des batteries autrichiennes, assaillies par la
brigade Philippovic, les brigades sardes plièrent, se maintinrent
encore quelque temps aux environs d'Ortaglia, puis redescendirent
les pentes, et s'enfuirent jusqu'à Rivoltella. Mollard ramena les
brigades Coni et Pignerol au Vengario [5]. Vers dix heures et
demie tout était fini.

L'empereur François-Joseph arrivait à neuf heures à Volta, village
situé sur une colline escarpée d'où l'on domine toute la plaine. Il
s'arrêta quelques instants à observer ce qui se passait. Des troupes
de toutes armes étaient encore à leurs bivouacs ; d'autres, en colonnes
de marche, disparaissaient dans l'espace ; au loin, de légers flocons
de fumée se confondaient avec les brumes matinales. Pas le moindre
bruit n'était perceptible. De prime abord, ces flocons de fumée semblaient révéler quelque affaire d'avant-postes. Mais les renseignements qui parvenaient au comte Schlick ne permettaient pas de les
interpréter ainsi. Stadion, dès six heures du matin, signalait l'approche de masses considérables ; il demandait des renforts. Benedek
annonçait également qu'il avait affaire à l'armée sarde. Wimpfen,
on le voyait, était aux prises avec l'ennemi. Dès lors, le doute
n'était pas possible : l'armée alliée avait passé la Chiese, elle se

---

[5] Ce ruisseau se jette dans le lac près de Rivoltella. Mollard s'arrêta ainsi
à 2 lieues de San Martino.

dirigeait vers le Mincio. La bataille s'engageait dans des conditions autres que ne le prévoyait le plan d'opérations rédigé par le major général. L'empereur, après en avoir raisonné avec le comte Schlick, prit le parti de maintenir les dispositions antérieurement adoptées. Il donna l'ordre à Stadion de défendre Solferino jusqu'à la dernière extrémité, en ajoutant qu'il allait envoyer à son secours Clam Gallas et Zobel. Il adressa au comte Wimpfen le mot suivant : « Avancez avec toute votre armée selon les instructions que vous avez déjà reçues; vous dégagerez ainsi le centre attaqué par l'ennemi. » L'empereur François-Joseph se rendit ensuite à Cavriana.

Stadion, cependant, réitérait ses appels; il avait, disait-il, fort à faire pour se maintenir. Le feu devenait de plus en plus vif. Vers neuf heures et demie la brigade Bils était tellement maltraitée qu'il fallait la ramener en arrière de Solferino. La brigade Puchner prenait sa place; elle se défendait vigoureusement, néanmoins elle ne parvenait pas à arrêter les progrès de l'ennemi qui suivait les fonds du Redone. Stadion avait donné l'ordre aux brigades Koller et Gaal d'avancer. Cet ordre arrivait trop tard. Au moment même, les Sardes apparaissaient dans le val dei-Quadri, Gaal accourait au secours des quatre compagnies qui défendaient la Madona della Scoperta. Koller se disposait à soutenir Gaal; il descendait dans le val dei Quadri. Stadion avait encore à sa disposition la brigade Festeticz; mais cette brigade étant destinée à garder la roche, le château et le village de Solferino, ne pouvait agir encore dans les fonds du Redone. La situation devenait critique. Il importait de dégager Stadion; l'empereur François-Joseph, dans cette pensée, adressa la lettre suivante au comte Wimpfen :

« L'ennemi fait de continuels et vigoureux efforts pour enlever Solferino. Il dirige de grosses colonnes contre cette position. Avancez avec toutes les forces dont vous pouvez disposer, non plus vers Medole, mais à cheval sur la route de Castiglione, de façon à rompre l'effort de l'ennemi. Je suis sur les hauteurs de Cavriana.

« Cavriana, 24 juillet, onze heures et quart. »

Il fallait sans doute un temps considérable pour opérer ce changement de front; mais Stadion allait être rejoint par Clam-Gallas; les brigades Hoditz, Reznicek, Paszthory, Brunner du Ier corps d'armée avançaient rapidement vers Solferino. Zobel, avec le VIIe corps, suivait de près Clam-Gallas. Les brigades Wallon, Fleischaker se dirigeaient vers San-Cassiano, Gablenz, vers Guidizzolo. La brigade Wussin qui, en raison d'un embarras de voitures, n'avait pas encore fait la soupe, demeurait seule à Volta.

LVII

La poussière épaisse que soulevaient les colonnes autrichiennes en marche finit par attirer l'attention de l'empereur des Français. Il était impossible de rien discerner, seulement la poussière s'étendait à perte de vue. L'empereur en inféra que le gros de l'armée autrichienne se dirigeait vers Solferino. Autour de lui les opinions étaient partagées ; nul n'avait cette expérience des grandes guerres, qui permet d'évaluer les masses vues à distances. Un officier lança son cheval vers Cavriana. L'ennemi, dit-il, à son retour, se rapproche de Solferino ; les masses qui descendent de Cavriana sont très considérables. Ce renseignement confirmait les appréciations de l'empereur. Le sort de la journée allait donc se décider à Solferino. Il était impossible, en ce moment, de rien demander à Mac-Mahon. Le maréchal ne bougeait pas, il se contentait de canonner l'ennemi ; sans nul doute il attendait Niel, et Niel attendait Canrobert. Ce dernier était toujours à Castel Goffredo, on n'en devinait pas la raison. L'empereur donna l'ordre d'engager jusqu'à sa dernière réserve. En même temps il adressa quelques mots au roi de Sardaigne, lui demandant avec instance d'arriver à son secours. L'empereur s'inquiétait plus que de raison. Il avait à Solferino même des troupes égales en nombre à celles de l'ennemi, sans égales en qualité[1].

Vers dix heures du matin, la division Bazaine était au monte Delle Fatorelle ; la division Forey, au monte Fenile ; la division Ladmirault, dans le val du Redone, aux environs de Barche-di-Solferino. L'artillerie en batterie sur les monte Scala et Fenile, canonnait Solferino. Plus loin, les Sardes gravissaient les crêtes de la Madona della Scoperta. La garde demeurait en réserve à Le Grole.

La brigade Puchner, écrasée par le feu des batteries françaises, ne tardait pas à abandonner les monte Carnal et Mezzana Corte ;

---

[1] Dans une note au crayon, l'empereur des Français explique ainsi qu'il suit les motifs qui le déterminèrent à engager ses réserves. « Rien ne se décidait, toute la ligne était engagée, mais elle n'avançait pas. A droite, Niel et Canrobert ne pouvaient surmonter les obstacles apportés à leur marche ; à gauche, le roi de Piémont avait battu en retraite ; alors je me décidai à porter mon centre en avant, à occuper les hauteurs, à forcer l'ennemi à retirer ses deux ailes. »

L'assertion de l'empereur n'est pas parfaitement vraie. Il ignorait la déroute de San Martino lorsqu'il donna l'ordre d'engager ses réserves. La meilleure preuve en est l'ordre d'arriver à Solferino, qu'il donna au roi. Le roi n'apprit lui-même ce qui se passait aux bords du lac qu'au moment de la prise de Solferino, vers une heure.

elle allait se reformer à la Possessione, où se trouvait déjà la brigade Bils. Festeticz tenait toujours à Solferino, à San Martino, Pagliete-di-Solferino. Les brigades du Ier corps arrivaient : Hoditz, Reznicek étaient aux monte Alto, Pelegrino, et autres mamelons situés dans la plaine non loin de la roche ; Paszthory passait dans le val du Redone ; cinq bataillons détachés de ces brigades rejoignaient Festeticz à Solferino.

Il n'était pas facile de déloger les Autrichiens du village ; les rues étaient barricadées, les maisons crénelées. Ces maisons, construites en pierre selon l'usage du pays, abritaient parfaitement leurs défenseurs. Le castel, l'église, le cimetière étaient en état de défense et formaient de solides réduits, où se tenaient les réserves. Le canon du monte Scala n'ébranlait même pas ces massives constructions. Sur l'ordre du général Bazaine, une batterie venait d'être amenée à 300 mètres des premières maisons. Le général attendait que cette batterie eût frayé un passage à ses colonnes d'assaut. Le général Forey s'efforçait d'escalader le mamelon des Cyprès pour arriver ensuite à la roche, mais il était impossible d'avancer sous le feu croisé qui partait à la fois de la roche, du mamelon des Cyprès, des monte Alto et Pelegrino. Le général Ladmirault ne parvenait pas à dépasser Barche-di-Solferino. Les Sardes étaient aux prises avec les Autrichiens ; ils perdaient du terrain, regagnaient Fenile Vecchio dans le val dei Quadri. Le roi arrivait avec la division Fanti.

Pendant ce temps, la grosse colonne autrichienne qui était aux environs de Volta [1], traversait la plaine, se rapprochait de San-Cassiano. Le moment semblait venu d'engager la garde. L'empereur en donna définitivement l'ordre. La division des voltigeurs de la garde, ralliant la division Forey, avança vers le monte Alto.

Chargés à la baïonnette, les Autrichiens regagnèrent en désordre Cavriana ; les détachements qui défendaient encore Solferino se voyant tournés, abandonnèrent précipitamment le village. L'artillerie demeura aux mains de l'ennemi ; ce fut une véritable déroute. Les brigades Bils et Puchner se maintinrent encore quelque temps dans le val du Redone ; elles recueillirent ainsi les débris de la brigade Festeticz et se dirigèrent ensuite vers le monte Croce où elles firent halte. Les brigades Koller et Gaal étaient lancées à la poursuite des Sardes, lorsqu'arriva l'ordre de battre en retraite. Il ne fut pas facile d'arrêter le soldat ; une fois ralliées, ces brigades rétrogradèrent en échelons vers le monte Croce. Les brigades du Ier corps s'écoulaient par la Strada Cavallara vers Valeggio. Les

[1] Le VIIe corps.

brigades Fleischhacker et Wallon, du VII⁰ corps, arrivaient à San-Cassiano; elles étaient déjà aux prises avec l'ennemi. Gablenz, rappelé de Guidizzolo, se disposait à les rejoindre. Wussin avait quitté Volta et se trouvait proche du monte Fontana. Zobel avait ordre de défendre Cavriana jusqu'à la dernière extrémité; il était environ deux heures.

Au sens des généraux autrichiens, rien encore n'était compromis. Le matin, l'armée autrichienne était disposée en deux échelons; l'échelon de droite à Solferino, l'échelon de gauche à Guidizzolo. A cette heure elle était en ligne entre Cavriana et Guidizzolo. Le VII⁰ et le XI⁰ corps n'avaient pas encore été engagés. Wimpfen, rejoint par le XI⁰, semblait en mesure de marcher sur Castiglione. S'il gagnait du terrain, l'ennemi se voyait contraint d'abandonner Solferino et de battre en retraite sur toute la ligne.

LVIII

Cependant Wimpfen n'avançait pas; il était toujours entre Guidizzolo et Medole. En définitive, les dispositions des deux armées engagées dans la plaine demeuraient les mêmes. Mac-Mahon avait été rejoint par la cavalerie de la garde. Il laissait cette cavalerie en réserve. Ses deux divisions d'infanterie étaient déployées en avant de la Casa Morino, la cavalerie du IV⁰ corps prolongeait sa ligne de bataille jusqu'à Medole. L'infanterie du IV⁰ corps était en avant de Medole, dans les maisons et les fourrés qui avoisinent les hameaux de la Casa Nuova, Baite, Robecco. Une brigade du III⁰ corps, la brigade Jeannin, arrivée vers dix heures du matin à Medole, couvrait la droite du IV⁰ corps. Le reste du III⁰ corps demeurait bien en arrière à Castelgoffredo.

Le maréchal Canrobert avait été rejoint par les officiers d'ordonnance de l'empereur. Les ordres que lui transmettaient ces officiers ne laissaient pas de l'embarrasser. En effet, l'empereur l'invitait, d'une part, à hâter sa marche vers Medole; de l'autre, il lui communiquait la lettre d'Asola, et l'engageait en conséquence à se tenir sur ses gardes. Diverses circonstances semblaient justifier les assertions de la lettre. Les gens du pays avaient aperçu des troupes en marche; une longue traînée de poussière se discernait à l'horizon [1]. Était-ce l'ennemi? Le maréchal le pensait, mais il n'était pas en mesure de s'en assurer. Il n'avait plus sa cavalerie. L'empereur oubliait cette circonstance. En attendant, le général Niel

---

[1] Ces traînées de poussière semblent avoir été soulevées par les avant-postes du II⁰ corps, qui poussèrent jusqu'aux environs d'Asola. La brigade Szabo demeura en réalité à Marcaria, et la brigade Wachter à Redondesco; ces deux brigades se trouvaient ainsi à 4 lieues environ de Castelgoffredo.

demeurait livré à lui-même. Il était maître des hameaux situés entre Medole et Guidizzolo, les gardait encore, mais était fort pressé. Au milieu de ces vergers, les hommes livrés à eux-mêmes se battaient en tirailleurs. Sans s'en apercevoir ils gagnaient, perdaient du terrain, se ralliaient alors, chargeaient à la baïonnette, regagnaient ainsi le terrain perdu, mais pour un moment; en définitive, rien ne se décidait.

Les Autrichiens avaient pour eux le nombre, seulement leurs jeunes soldats se laissaient facilement décourager; ils s'arrêtaient suffoqués par la chaleur, et finissaient par abandonner la partie. Les bataillons fondaient ainsi, se réduisaient à rien. Vers le milieu du jour, les brigades Wimpfen, Castiglione, Wetzlar, Hartung, demeuraient seules en ligne; les brigades Benedeck, Fehlmayer, Blumencron, avaient regagné Guidizzolo, où elles se reformaient. À leur défaut, le prince Schwarzenberg avait appelé à lui les brigades Pokorny, Dienstel, les avait lancées vers Robecco et la Casa Nuova[1]; il en résultait que la cavalerie du comte Mendorff demeurait seule dans la plaine. Le XI⁰ corps rejoignait enfin.

Au fur et à mesure de l'arrivée des brigades, Wimpfen dirigea Host et Dobrzensky vers Robecco; Baltin, Greschke, vers la Casa Nuova, gardant encore Klapka en réserve[2]? En même temps il donna l'ordre à Schaftgotsche et à Schwarzenberg de reprendre l'offensive et, s'il leur était possible, d'avancer ensuite vers Castiglione. Vers une heure, douze brigades, Wimpfen, Dobrzensky, Benedeck, Castiglione, Fehlmayer, Blumencron, Wetzlar, Hartung, Pokorny, Dienstel, étaient engagées; Host, par suite d'une méprise, allait et venait aux environs de Birbesi, Klapka et Rösgen, en majeure partie étaient à Guidizzolo. Ce dernier effort demeura inutile. Wimpfen, désespérant de la situation, adressa la dépêche suivante à l'empereur François-Joseph :

« J'ai pris deux fois l'offensive et j'ai fait donner les dernières

[1] Ces trois brigades étaient primitivement déployées dans la plaine elles furent successivement ramenées vers la Casa Nuova et se retrouvèrent ainsi déployées parallèlement à la route.

[2] Après la guerre, une polémique s'éleva à propos des ordres donnés par Wimpfen au XI⁰ corps. On accusa le général en chef de la première armée d'avoir annulé ce corps en l'engageant sur toute sa ligne de bataille, contrairement aux intentions de l'empereur, qui recommandait à Wimpfen de pousser vers Solferino. La bataille n'eût pas été perdue, dit-on, si cette direction avait été donnée au XI⁰ corps agissant en masse. Des brochures furent échangées à ce propos, mais l'intérêt qu'elles peuvent avoir au point de vue de la stratégie est fort atténué, si l'on réfléchit à cette circonstance que les trois corps autrichiens réunis ne purent durant toute la journée venir à bout du seul corps du général Niel.

réserves. Cependant je ne puis tenir plus longtemps, et je me vois dans la nécessité de battre en retraite sous la protection du XI° corps. Je dirige le IX° vers Goito, le III° par Cerlungo, vers Ferri, le XI° par Goito, vers Roverbella. Je regrette de ne pouvoir annoncer rien de plus satisfaisant à Votre Majesté. La division de cavalerie Zedtwitz m'a complètement échappé, elle s'est retirée dès le matin vers Goito sans m'en donner avis. Je n'ai de même aucune nouvelle du II° corps. Je le fais chercher avec ordre, s'il est possible, de regagner Mantoue.

« Guidizzolo, 24 juin, 2 heures après midi. »

La partie dès lors était perdue. L'empereur François-Joseph donna l'ordre de battre en retraite.

L'empereur des Français était à Solferino, fort rasséréné. Tout allait à souhait. La prise du village avait mêlé les troupes; il fallait leur laisser le temps de se rallier. Mais à ce moment même des renforts allaient arriver. Mac-Mahon s'était enfin décidé à intervenir; il rejoignait la garde. Une fois en ligne, il avança vers Cavriana. La cavalerie de la garde le suivait en échelons dans la plaine. Il arriva vers trois heures à San-Cassiano, enleva le hameau ainsi que les cascinés environnantes. Le maréchal s'en tint là pour le moment. A sa grande surprise, le général Niel, qui se disait en mesure d'avancer vers Guidizzolo, ne le rejoignait pas. L'aile gauche de l'armée française se trouvait ainsi séparée de l'aile droite par un vaste espace, où il ne restait que de la cavalerie; l'armée courait donc le risque d'être coupée en deux[1]. Le maréchal ne tarda pas néanmoins à reprendre sa marche en avant. L'ennemi battait en retraite, rien n'était plus clair. La brigade Wallon regagnait Volta; la brigade Fleischhaker la suivait, elle était à Cavriana; les brigades Wussin et Gablenz se maintenaient encore sur le Monte-Fontana, mamelon situé dans la plaine au pied des collines de Cavriana. Le maréchal lança vers le mamelon la division de la Motterouge, la fit soutenir par la division Decaen; l'affaire fut des plus chaudes; une redoute, débris des anciennes guerres, située sur le Monte-Fontana, fut prise, reprise, enfin abandonnée par les Autrichiens. Les grenadiers de la garde gravissaient pendant ce temps les collines de Cavriana, chassaient l'ennemi du village.

A ce moment les deux armées disparurent au milieu de tourbillons de poussière, soulevés par un vent furieux; l'orage qui depuis plu-

[1] J'ai demandé au maréchal si la pensée ne lui était pas venu d'avancer vers Guidizzolo et de dégager ainsi le général Niel. Sa réponse fut que n'ayant pas d'ordre de l'empereur, il avait dû suivre les instructions de la veille qui lui enjoignaient d'aller à Cavriana.

sieurs heures se formait à l'horizon approchait rapidement. La chaleur était suffoquante; enfin les nuages amoncelés se fondirent en
torrents de pluie. Ainsi qu'il arrive le plus souvent dans les pays
chauds, l'orage ne dura pas. Une demi-heure, après l'air s'éclaircit,
et le soleil, dégagé des derniers nuages, inonda le champ de bataille
de flots de lumière. La limpidité de l'atmosphère était telle que les
objets se dessinaient à des distances prodigieuses. L'armée autri-
cienne était en pleine retraite. Des files de voitures encombraient les
chemins à perte de vue; des colonnes d'infanterie se ralliaient à
Volta, d'innombrables fuyards couraient à travers champs vers le
Mincio. La cavalerie seule en ordre couvrait la retraite.

L'empereur avait rejoint le maréchal au Monte-Fontana. Il lui
demanda s'il fallait se risquer à la poursuite de l'ennemi. Le maréchal lui fit observer que l'infanterie, privée de nourriture depuis le
matin, était harassée. Restait sans doute la cavalerie. L'empereur
avait sous la main la division de cavalerie de la garde, plus loin les
deux divisions du IVe corps, mais il n'était pas en mesure de prendre
une résolution. Énervé par les émotions de la journée, mouillé jusqu'aux os, transi de froid, il donna l'ordre de faire halte et alla se
sécher à Cavriana.

LIX

Les Autrichiens se maintenaient encore aux environs de Guidizzolo.
Wimpfen, s'apercevant que la cavalerie ennemie gardait seule la
route de Castiglione, était revenu sur sa détermination de battre en
retraite; il avait donné l'ordre d'engager ses dernières réserves et
d'avancer ainsi vers Castiglione. Cet ordre, en raison du désarroi où
se trouvait l'armée autrichienne, n'était pas facile à accomplir.
Cependant Schafftgotsch parvint à former trois colonnes qu'il lança
vers Rebecco. Schwartzenberg pendant ce temps ramenait ses
troupes au feu et s'efforçait d'enlever la Casa Nuova[1].

Le général Niel se trouva ainsi fort pressé au moment même où il
eût dû rejoindre Mac-Mahon. En définitive, il avait affaire depuis
le matin à trois corps d'armée; ses soldats étaient à bout de forces.
Il fallut appeler la cavalerie. En dépit des obstacles qu'offrait le
terrain, douze escadrons de la division Devaux chargèrent successivement l'ennemi sans parvenir à l'arrêter. La situation devint
tellement grave, que le maréchal Canrobert jugea nécessaire

---

[1] Les brigades étaient tellement mêlées que les rédacteurs de la relation
autrichienne déclarent qu'il leur est impossible de déterminer ce que sont
devenues ces différentes fractions.

d'intervenir. Usant de la latitude que lui laissaient les ordres contradictoires de l'empereur, il avait appelé déjà dans le courant de l'après-midi deux de ses divisions à Medole. Les brigades Jeannin et Doëns, de la division Renault, gardaient la route de Ceresara ; la brigade Bataille de la division Trochu, entre quatre et cinq heures, traversait Medole. Le maréchal lança cette brigade vers la Casa Nuova. L'orage, là comme partout, mit fin à l'engagement[1].

Wimpfen, cette fois, donna définitivement l'ordre de battre en retraite. Schaffgotsche et Schwarzenberg ramenèrent leurs troupes à Goito ; Weigl, avec le XIe corps, resta jusqu'à huit heures du soir à Guidizzolo, puis il s'achemina vers Goito.

Zobel et Mensdorf étaient à Volta vers sept heures du soir. Mensdorff passa le Mincio à Ferri. Zobel, qui devait gagner le pont de Valeggio, demeura la majeure partie de la nuit à Volta. Les chemins n'étaient pas libres. Clam-Gallas, entraîné par ses troupes en déroute, avait suivi la Strada Cavallara et était arrivé dans l'après-midi à Valeggio. Le pont était déjà encombré. A la vue des premiers fuyards, les conducteurs de voitures s'étaient hâtés de rétrograder. Convois de blessés, parcs d'artillerie, bagages des corps d'armée se pressaient, se culbutaient aux abords du pont. La panique était à son comble vers le soir. L'empereur François-Joseph dut intervenir lui-même pour rétablir l'ordre. Il fit appel aux soldats, les posta sur les points les plus menacés, prit les mesures pour mettre le village en état de défense, donna l'ordre d'amener l'artillerie de réserve qui se trouvait encore à Rosegafferro, la disposa sur la rive opposée, de façon à battre les environs du pont. Néanmoins les efforts de l'empereur seraient demeurés inutiles, si l'ennemi s'était montré ; fort heureusement il n'en fut rien. Le canon ne grondant plus, les plus effarés se rassurèrent et le passage de la rivière put s'effectuer[2]. Zobel en ayant été informé vers onze heures du soir, se dirigea vers Valeggio avec les brigades Fleischhaker et Wallon ; il atteignit le pont vers minuit. La brigade Wussin passa la rivière à Ferri et fut suivie par la brigade Gablenz, et au point du jour. Stadion regagna Monzambano sans être inquiété ; Benedeck ne se tira pas aussi facilement d'affaire.

Les généraux sardes étaient demeurés tout l'après-midi dans la

---

[1] Le maréchal Canrobert ne prit en définitive qu'une part fort restreinte, à la bataille de Solferino. Les pertes du IIIe corps ne s'élevèrent pas à plus de trois cent dix-huit hommes, tués ou blessés ; celles du IVe corps furent de quatre mille quatre cent quatre-vingt-trois hommes ; il est évident que l'empereur dut le gain de la bataille à la résistance extraordinaire du IVe corps.

[2] Ces détails sont donnés non par la relation autrichienne, mais par la relation prussienne.

région boisée qui avoisine le lac ; Cucchiari, à Tezze, près de Rivoltella ; Mollard, au Vengario ; les renforts qu'ils attendaient n'arrivaient
pas. Le roi n'avait appris que fort tard la déroute ; Solferino était
déjà aux mains des Français. Le roi s'était hâté d'acheminer la brigade Aoste vers Rivoltella. Un officier courut en prévenir Mollard.
« Le roi vous enjoint de reprendre l'offensive, lui dit-il ; les Français sont à Solferino, et le roi veut que l'armée sarde ait sa part
de la victoire. » Il fallait agir cette fois avec plus d'ensemble. Les
deux généraux convinrent de régler leur marche de façon à arriver
en même temps au pied des collines de San-Martino. Cucchiari
devait suivre de même qu'au matin la Strada Lugana, Mollard
arriver par la voie ferrée ; il attaquait alors la Contracania, tandis
que Cucchiari gravissait les pentes de San-Martino.

La brigade Aoste rejoignit Mollard à quatre heures. Les troupes
se mirent immédiatement en marche. L'orage les força de s'arrêter
en route, elles n'arrivèrent en vue de l'ennemi qu'à sept heures du
soir. Les Autrichiens occupaient encore les mêmes positions. Lippert
et le détachement de Reichlin étaient à la Contracania ; Berger, à
San-Martino ; et Ortaglia ; Philippovic, à Presca ; Dauber, à Corbu-
di-Sotto ; Watervliet, au monte San Giacomo ; Reichlin, entre San
Donino et Contrada del Bosco.

Benedek avait ordre, on le sait, d'avancer vers Lonato ; mais,
entraîné par les circonstances à se rapprocher du lac, il se trouvait
isolé du gros de l'armée autrichienne, ne laissait pas d'en être
inquiet, et croyait d'ailleurs avoir affaire à toute l'armée sarde. Il
avait pris en conséquence le parti de faire halte à San-Martino. Les
ordres de l'empereur, datés de Volta, n'avaient pu modifier cette
détermination. Plus tard, l'empereur lui ayant demandé s'il pouvait
détacher une ou deux brigades vers Solferino, il avait répondu
qu'en raison de l'approche de l'armée sarde il ne pouvait se démunir
de la moindre partie de ses troupes. Fasciné par cette idée, il était
demeuré l'arme au bras jusqu'au soir [1]. Enfin, l'ordre de battre en
retraite était arrivé, Benedek prenait ses dispositions en conséquence,

[1] Benedeck était un brillant divisionnaire : il s'était fort signalé lors de
la bataille de Novare. Livré à lui-même, il fit preuve d'une indécision que
la relation autrichienne s'efforce vainement de pallier. Il s'attendait, dit-
elle, à être attaqué par toute l'armée sarde. De fait, il passa toute l'après-
midi à attendre cette armée ; il n'osa ni avancer vers Lonato, ainsi que le
lui prescrivaient ses instructions, ni détacher des brigades que l'empereur
François-Joseph l'invitait à diriger vers Solferino. La chance qu'il eut de
battre les Sardes lui valut néanmoins une renommée telle, que l'empereur
François-Joseph dut, en 1866, céder à l'opinion publique qui l'appelait à
commander l'armée autrichienne.

quand les Sardes apparurent au pied des collines. Il était dès lors impossible de regagner le Mincio sans combat. L'affaire s'engagea à sept heures. Les Sardes gravirent les pentes de San-Martino avec plus d'ardeur que d'ordre, arrivèrent les uns après les autres et, de même qu'au matin, finirent par être rejetés dans les fonds. Tandis qu'ils se ralliaient, Benedek achemina vers Pozzolengo la brigade Lippert. Les Sardes revinrent à la charge; ils enlevèrent la Contracania, San Martino, poussèrent jusqu'au hameau d'Ortaglia, mais ils furent encore une fois rejetés dans les fonds. Ainsi débarrassé, Benedeck ramena ses troupes à Pozzolengo.

Les trois dernières brigades de l'armée sarde arrivaient à la nuit noire sur le terrain. Le roi, fort inquiet du sort de ses généraux, voyant d'ailleurs que les Autrichiens, après avoir abandonné la Madona della Scoperta, filaient vers Pozzolengo, avait donné l'ordre à Durando de rejoindre Mollard, en passant par San-Rocco et Taverna : il était ainsi demeuré seul avec Fanti et la seule brigade Piémont. Durando avait à traverser la partie la plus abrupte du massif; de plus il s'était attardé à canonner le détachement autrichien qui occupait San-Domino. Il arriva ainsi trop tard pour prendre part à l'action. Fanti avait suivi les Autrichiens qui se repliaient vers Pozzolengo. Il avait rencontré ainsi Reichlin aux environs de la Contrada del Bosco. Un engagement s'en était suivi. Reichlin avait repassé le Redoue et gagné le monte Roccolo, où il espérait être rejoint par Watervliet; mais ce dernier par suite d'un malentendu n'était plus au monte San-Giacomo. Reichlin, fort embarrassé, traversa Pozzolengo et rejoignit non sans peine l'arrière-garde de Stadion. Fanti n'osa se risquer plus loin et se contenta de canonner l'ennemi en retraite du Monte San-Giovanni.

Benedek ne trouva ainsi personne sur sa route. Il demeura une heure à Pozzolengo pour recueillir la paille nécessaire au coucher de ses blessés, puis il se remit en marche et regagna le Mincio dans la nuit. Dauber, Philippovic et Watervliet traversèrent la rivière à Peschiera. Berger et Lippert à Salionze . [1]

Le lendemain 25 juin, l'armée autrichienne avait regagné les po-

---

[1] Les opérations de l'armée sarde sont curieuses à observer. Le roi disposait de quarante mille hommes : il eut affaire à dix-huit mille hommes du VIIIe corps, d'une part, et, de l'autre, à huit mille du Ve corps. Mollard attaqua Benedek avec dix mille hommes et fut naturellement repoussé. Plus tard Cucchiari engagea dix autres mille hommes, et fut de même repoussé. A la Madona della Scoperta, Durando avait dix mille hommes; Koller et Gaal, huit mille; les forces étaient plus égales cette fois : Durando fut repoussé. Le roi ayant avec Fanti rejoint Durando, se trouva réunir vingt mille hommes. Il eût été dès lors parfaitement en mesure de chasser

sitions qu'elle occupait le 23. Le VIIIᵉ corps était à Salionze ; le
Iᵉʳ, à Valeggio ; le Vᵉ, à Torrione ; le VIIᵉ, à Foroni ; la cavalerie de
réserve à Rosegaffero ; le quartier général de la IIᵉ armée, à Villafranca ; le IIIᵉ, à Remelli ; le IXᵉ, à Goito ; le XIᵉ, à Roverbella ; la cavalerie de réserve, à San Brizzio ; le quartier général de la Iʳᵉ armée, à
Roverbella ; le quartier général de l'empereur, à Villafranca ; la division Jellachich, après avoir poussé le 25 jusqu'à Redondesco, était
de retour à Mantoue [1]. La division Ritter du Xᵉ corps, parvenue à
Mantoue, regagnait Nogara.

L'armée alliée coucha sur le terrain : Canrobert et Niel, entre
Medole et Guidizzolo ; Mac-Mahon, au monte Fontana ; l'empereur et
la Garde, à Cavriana ; Baraguey-d'Hilliers, à Solferino ; le roi de Sardaigne, à San Martino. En définitive, les corps d'armée étaient arrivés aux étapes que leur assignaient les instructions de la veille.
L'empereur adressa le lendemain à l'Impératrice ces simples paroles : Grande bataille ; grande victoire ! César ne se fût pas exprimé
autrement. Aucun ordre d'ailleurs ne fut donné : l'armée, cette fois,
demeurera sept jours sur le champ de bataille

Stadion du Monte Croce, de gagner Pozzolenzo et de couper ainsi la retraite
à Benedek. Mais il n'en fit rien, détacha cinq mille hommes qu'il envoya
à Mollard, les fit suivre par dix autres mille hommes sous les ordres de
Durando. Ces dix mille hommes n'arrivèrent pas en temps utile. Mollard et
Cucchiari réunissaient cependant vers le soir vingt-cinq mille hommes ; ils
attaquèrent Benedeck, firent encore la faute d'agir successivement, se laissèrent gagner par la nuit, et ne purent même incommoder la retraite de
Benedek. Fanti, demeuré avec cinq mille hommes seulement, dut se borner
à observer les Autrichiens. L'armée sarde se trouva ainsi inférieure en
nombre sur le champ de bataille, sans l'être réellement.

[1] Les raisons qui déterminèrent le prince Liechtenstein à rester à Marcaria
ne sont pas clairement expliquées par la relation autrichienne. Le prince
avait reçu l'ordre général du 23 ; il devait en conséquence arriver le 25 à
Asola. Cet ordre avait été confirmé par un second ordre du comte Wimpfen,
expédié de Cereta, le 24 à minuit. Selon la relation autrichienne, le prince
reçut à Marcaria, le 25, un ordre qui lui prescrivait de demeurer à Marcaria
et d'observer un corps ennemi dont la présence à Cremone était signalée.
Mais la relation autrichienne ne cite pas l'ordre, ne dit pas de qui cet ordre
émanait. Il est certain que Wimpfen n'en savait rien : on le voit par son
billet à l'empereur.

VILLAFRANCA

LX

Les pertes des alliés étaient de dix-sept mille hommes ; celles des Autrichiens, de vingt-deux mille. Matériellement, la condition des deux armées demeurait la même ; néanmoins les Autrichiens étaient consternés, non sans raison. Il fallait bien se l'avouer, l'armée autrichienne ne pouvait se mesurer avec l'armée française. Au matin de la bataille, toutes les chances semblaient en sa faveur : le plan du quartier-maître général était parfaitement sensé ; l'incurie de l'ennemi en avait facilité l'accomplissement ; l'armée avait traversé sans encombre le Mincio ; elle était arrivée sur le terrain dans l'ordre qui lui était prescrit. Grâce à la force des positions qu'il occupait, Stadion s'était maintenu toute la matinée à Solferino, laissant ainsi à Wimpfen le temps d'atteindre Carpenedolo. Mais Wimpfen n'avait pu dépasser même Medole. Il s'était opiniâtré, avait engagé ses trois corps d'armée, toujours inutilement ; ses troupes n'avançaient pas, et finissaient par se débander. Les cadres ralliaient les soldats, les ramenaient au feu, mais les heures s'écoulaient ainsi en allées et venues, et les ordres du général en chef ne s'exécutaient pas. Wimpfen, sans doute, avait fait la faute de disséminer le XI° corps sur toute sa ligne, au lieu de l'acheminer en masse vers Castiglione. Il n'en était pas moins que, durant toute une journée, vingt mille Français environ, avaient arrêté l'effort de soixante mille Autrichiens. Évidemment, la qualité du soldat n'était pas la même.

Il ne restait d'autre parti à prendre que de repasser l'Adige et d'attendre, à l'abri du camp retranché de Vérone, l'arrivée des renforts que l'archiduc Albert organisait en Allemagne. L'empereur se rangea à cette opinion, mais comme rien n'annonçait l'approche de l'ennemi, on laissa les troupes se reposer durant trois jours. Dans l'intervalle, les détachements isolés furent renvoyés à leur corps ; les arrière-gardes qui se trouvaient encore au delà du Mincio, rap-

pelées ; les ponts, enlevés ou brûlés. Le 27 juin, l'armée autrichienne
se remit en marche et passa l'Adige. Le 29, le VII⁰ corps d'armée
était à Zevio ; les I⁰ʳ, V⁰. et VIII⁰, à Vérone ; le III⁰, à Albaredo ; le
XI⁰, à Bonavigo ; le IX⁰ et le II⁰, à Legnago et Mantoue ; le X⁰, sur
le bas Pô. Ces dispositions n'étaient pas définitives. L'ennemi n'avait
pas encore franchi le Mincio, et l'on ne pouvait dès lors discerner
ses intentions. La flotte française venait de paraître dans l'Adriatique ; elle n'avait pas à bord plus de mille hommes d'infanterie et
d'artillerie de marine ; trois mille hommes d'infanterie de ligne, sous
les ordres du général Wimpfen, s'étaient embarqués le 27 pour les
rejoindre ; cinq mille autres devaient suivre : ces forces à peine suf-
fisantes pour occuper Venise, ne l'étaient pas pour agir dans l'inté-
tieur des terres. Il s'agissait d'une diversion, en réalité peu inquié-
tante. Les opérations de Cialdini et de Garibaldi, dans le Tyrol, ne
signifiaient rien ; le VI⁰ corps était parfaitement en mesure de garder
le pays. L'approche du prince Napoléon était une autre affaire ; il
arrivait, disait-on, avec trente-cinq mille hommes, pouvait traverser
ainsi le bas Pô et menacer les communications de l'armée autrichienne. Le X⁰ corps, à Badia parait, à ce danger ; l'essentiel semblait
être de se maintenir sur l'Adige. L'empereur des Français allait sans
doute marcher droit sur Vérone. Disposant d'une armée supérieure en
nombre, animée d'ailleurs par une suite non interrompue de victoires,
il pouvait, soit enlever de vive force le camp retranché, soit le
tourner en passant l'Adige au-dessus de Vérone. Les dispositions
étaient prises en vue de cette manœuvre de l'ennemi. L'armée autrichienne se concentrait à Vérone, et si chanceuse que fût une bataille,
elle la livrait.

Les tacticiens de l'état-major se mettaient fort inutilement en frais
d'imagination. L'empereur des Français ne songeait pas à franchir
l'Adige ; il n'en avait garde. La politique, en cette circonstance,
primait la stratégie. Sans doute, le procédé le plus simple eût été de
tourner la position de Vérone ; mais l'empereur courait ainsi le
risque de passer sur le territoire de la confédération germanique.
Or M. de Schleinitz le suppliait de n'en rien faire : la neutralité de
la Prusse était à ce prix, disait-il. La Russie ne voulant pas contraindre la Prusse, il ne restait d'autre parti à prendre que d'assiéger
successivement les places du quadrilatère : Peschiera, Mantoue,
Legnago, Vérone. La guerre devenait interminable. Cette perspective
ne souriait nullement à un homme qui aimait si fort ses aises. Le
métier des armes lui semblait rude ; le carnage lui faisait horreur ;
la chaleur était intolérable ; l'air était infecté de miasmes cadavé-
riques : l'empereur souhaitait donc s'en aller, la paix bâclée, respirer
sous les ombrages de Saint-Cloud et reprendre alors les négociations

qu'il se flattait cette fois de mener à bien. En définitive, il avait gagné sa bataille : il était satisfait. Les Français, les Italiens ne devaient pas l'être moins, à son sens. La guerre était pour ce personnage une sorte de feu d'artifice. « Notre campagne en Crimée a été brillante, disait-il naguère ; Sébastopol en sera le bouquet ; nous signerons alors la paix. » Telle était encore sa façon de penser. Au lendemain de la bataille, il avait chargé le comte de Persigny, son ambassadeur, de demander la médiation de l'Angleterre.

Le moment semblait favorable. A la suite d'un vote émis, le 10 juin, par la Chambre des communes, lord Derby avait prié la reine d'agréer la démission du ministère. Lord Palmerston était appelé à prendre la suite des affaires. La crise ministérielle allait entraîner un de ces revirements qui rendent l'intervention de l'Angleterre si préjudiciable aux intérêts des autres États. Lord Derby se croyait lié par les traités ; il tenait compte des précédents : Lord Palmerston écoutait uniquement ces sympathies ; il ne se piquait ni d'équité, ni de mesure, ni même de suite dans les idées. Il traitait ainsi fort lestement les souverains étrangers de tyrans, prenait en général le parti des mécontents. Cependant il trouvait juste qu'en Suisse, les cantons protestants opprimassent les cantons catholiques. S'agissait-il de la France, il prétendait que le roi Louis-Philippe opprimait son pays, mais il se montrait plein d'indulgence envers l'empereur, et le louait d'avoir chassé les assemblées qui lui résistaient. Il incriminait le roi de Naples, en raison de ses procédés arbitraires, et ne soufflait mot du sultan ; il encourageait les prétentions du roi de Prusse à l'hégémonie de l'Allemagne et dénonçait en termes véhéments les prétentions de l'empereur de Russie au protectorat des Grecs ; ainsi de suite. Naturellement, il était hostile à l'Autriche ; il haïssait d'ailleurs le Pape de toute la haine d'un bigot, et les autres princes italiens de la haine d'un whig.

L'empereur, se croyant assuré du concours de lord Palmerston, espérait entraîner l'Angleterre à sa suite. Les conditions de paix qu'il posait à l'Autriche, écrites de sa main, sur un petit carré de papier, étaient formulées en ces termes : « 1° L'Italie rendue à elle-même ; 2° confédération des États italiens ; 3° cession de la Lombardie et du duché de Parme à la Sardaigne ; 4° création d'un État indépendant formé de la Vénétie et du duché de Modène, gouverné par un archiduc ; 5° la Toscane donnée à la duchesse de Parme ; 6° création d'une vice-royauté laïque dans les Légations ; 7° Réunion d'un congrès qui serait appelé à organiser l'Italie sur ces bases, en tenant compte du vœu des populations. »

Lord Palmerston avait encore à remplir les diverses formalités que l'usage impose aux nouveaux ministres, lors de leur entrée aux affaires : il fallait en attendant sa réponse, avoir l'air de poursuivre la guerre. L'idée d'assiéger Peschiera se présenta naturellement à la pensée de l'empereur. Une opération de ce genre, en raison des lenteurs qu'elle entraînait, répondait à toutes les exigences de la situation. Les généraux commandant l'artillerie et le génie allèrent reconnaître la place. Ils jugèrent que la partie la plus faible en était située sur la rive gauche du Mincio, et revinrent exposer leur opinion en conseil. L'empereur les approuva ; il décida que l'armée sarde investirait Peschiera et que l'armée française couvrirait le siège. L'armée franchit le Mincio le 1er juin, et se trouva ainsi répartie :

Le Ier corps d'armée, à Castelnuovo ; le IIe, à Villafranca le IVe, à Somma Campagna ; le IIIe, à Valeggio et Goito ; la garde et le quartier général de l'empereur, également à Valeggio ; le Ve corps, sous les ordres du prince Jérôme-Napoléon, venait de rejoindre ; il était à Goito.

L'armée sarde était à Casa Malavicina, Salionze, Prentina, Ponti, Rovizza ; le quartier général du roi et la cavalerie, à Monzambano.

L'empereur s'attendait à recevoir de lord Palmerston une réponse favorable. Il n'en fut rien. Lord Palmerston n'était pas satisfait des conditions de la paix. Dans une lettre adressée le 6 juillet à sir John Russell, il en donnait ainsi la raison : « Plus je réfléchis aux propositions de Persigny, disait-il, plus je les trouve fâcheuses ; plus je me persuade que nous ne devons pas nous hâter de les adopter. Rien ne dit qu'elles aient l'assentiment des Sardes et des alliés, en général ; elles ne répondent ni aux vœux ni aux espérances de l'Italie. Si nous les adoptons, nous serons accusés d'avoir arrêté les armées alliées au milieu de leurs victoires, d'avoir rivé à l'Italie un dernier débris de la chaîne autrichienne, d'avoir contribué à ruiner les espérances des Italiens, au moment où elles étaient les plus brillantes... Persigny propose de donner à Modène et à la Vénitie un archiduc, souverain indépendant, de façon à placer un État neutre entre l'Autriche et la Sardaigne. Quel sera le résultat de cette combinaison ? Les mêmes influences qui ont fait le malheur de la Toscane, agiront sur le nouvel État. Il ne sera pas constitutionnel, sans nul doute, et le régime libéral dont jouissent les Piémontais excitera les regrets des Vénitiens. Des mécontentements, des insurrections s'ensuivront. L'Autriche interviendra en faveur de son archiduc ; de nouveaux griefs s'ajouteront aux anciens, de nouvelles guerres ensanglanteront l'Italie. Si l'empereur a conçu de semblables idées, il a dû s'inspirer de sentiments de jalousie envers la Sardaigne, d'attachement envers le pape. Ces sentiments, nous ne les partageons pas, nous ne pouvons les faire nôtres. Laissons l'empereur se tirer d'affaire à lui seul. S'il trouve la partie

4

trop rude, laissons-le faire les propositions qu'il entendra, et comme il l'entendra. Gardons-nous d'en accepter la paternité, nous en serions responsables ». La médiation fut donc refusée.

L'empereur prit alors le parti de traiter sans intermédiaire. Il adressa une lettre autographe à l'empereur François-Joseph, pour lui proposer un armistice. La lettre fut confiée au grand écuyer, le général Fleury, qui se rendit le 6 juillet, à Vérone.

En même temps l'empereur annonçait aux commandants de corps d'armée que l'armée allait être attaquée le lendemain de front et de flanc. En conséquence, les troupes devaient prendre les armes le 7 juillet, au point du jour. Il entrait dans les détails les plus circonstanciés sur la bataille qui allait être livrée. Il indiquait les diverses manœuvres que les généraux devaient exécuter; les directions pu'ils devaient suivre en poursuivant l'ennemi. « On n'emportera pas de bagages, disait-il. Les soldats ne garderont que leurs sacs avec des cartouches et des biscuits; ils laisseront leurs capotes et demeureront en veste; les bidons seront remplis d'eau-de-vie mélangée d'eau. Dès que l'ennemi apparaîtra, ajoutait-il, on commencera le feu de l'artillerie; les lignes d'infanterie seront disposées alternativement en bataillons déployés et en colonnes doubles; on évitera les tiraillements inutiles, et pendant que les uns feront un feu de file, les autres battront la charge et aborderont l'ennemi à la baïonnette. » Jusqu'alors l'empereur avait donné ses ordres en termes généraux, le plus souvent verbalement. Jamais il n'avait témoigné une connaissance aussi approfondie des détails du métier. Ce n'était là qu'une de ces fantasmagories auxquelles l'empereur se plaisait.

Le lendemain 7 juillet, l'armée alliée était sous les armes; elle attendait l'ennemi dans un ordre admirable. Enfin, vers onze heures et demie du matin, on aperçut au milieu d'un tourbillon de poussière une voiture; le grand écuyer se trouvait dans cette voiture. Il revenait de Vérone, n'avait rencontré personne sur sa route; de même que les jours précédents, l'armée autrichienne se tenait dans le camp retranché, au-delà de l'Adige. L'empereur François-Joseph avait reçu le grand écuyer avec tous les égards imaginables, l'avait invité à dîner, l'avait logé dans les appartements du comte Grünne; le lendemain, il l'avait chargé d'annoncer qu'il allait dépêcher sa réponse à la lettre de l'empereur. Vers deux heures de l'après-midi, un officier de l'état-major autrichien apportait cette réponse également autographe; l'empereur François-Joseph consentait à signer un armistice et désignait pour ses commissaires le quartier-maître général baron Hess, et feld-maréchal-lieutenant comte Mensdorff; l'empereur des Français choisit pour les siens, le maréchal Vaillant

et le général de Martimprey ; le roi de Sardaigne, le comte Morozzo
della Roca ; l'armistice fut signé le 8 juillet.

LXI

L'armistice annonçait la paix, et la paix était la bienvenue pour
l'Autriche, car elle avait en ce moment fort à faire en Allemagne.

La Prusse avait invité la Diète, le 23 juin, à mobiliser l'armée
fédérale ; on le sait, elle-même mobilisait trois, puis six corps
d'armée. « Les intérêts de la Prusse sont les intérêts de l'Allemagne », disait M. de Schleinitz à cette occasion. Les confédérés
étaient fort satisfaits de cet aphorisme, mais ils n'en comprenaient
pas encore le sens : la Prusse ne devait pas tarder à le leur apprendre. Le Hanovre s'étant avisé de demander à la Diète la concentration d'une armée sur les bords du Rhin, M. d'Usedom pro-
testait contre cette ingérence d'un État secondaire. La demande,
d'ailleurs, tombait fort mal en cadence, disait-il, le général de Willisen s'efforçant en ce moment de régler avec l'Autriche les dispositions qu'il convenait de prendre en ce qui touchait l'armée fédérale.
M. de Schleinitz accentuait encore, dans une circulaire, cette pro-
testation. « La Prusse, disait-il, tenait plus que personne à la sûreté
de l'Allemagne, son intérêt propre se confondant, en cette circonstance, avec celui de la patrie commune ; mais elle n'entendait pas
se laisser mener par des États de deuxième et de troisième ordre.
Elle revendiquait donc énergiquement le droit d'initiative, que l'on
s'efforçait de lui enlever par des motions intempestives.

L'affaire du Hanovre était renvoyée à la commission militaire.
Hesse-Darmstadt, Bade et Nassau protestaient à leur tour contre le
droit d'initiative que la Prusse s'arrogeait ; ils invoquaient à l'appui
de leur dire, l'acte final du congrès de Vienne, qui déclarait tous
les États confédérés égaux entre eux ; néanmoins ils consentaient,
cette réserve faite, à laisser pour cette fois, à la Prusse, le droit d'i-
nitiative qu'elle réclamait. Les choses en restèrent là.

A Vienne les négociations allaient leur train. On ne savait rien
de plus. Enfin le 24 juin, la Prusse prévenait la Diète qu'elle avait
à faire une motion. Elle proposait de concentrer les troupes fédérales
sur les bords du Rhin, de modifier, à cette occasion, l'organisation
militaire, réglée par l'acte final du congrès de Vienne : de réunir
ainsi les contingents du Nord à l'armée prussienne ; de former, des
contingents du Sud, une armée distincte, aux ordres du roi de
Bavière ; de confier le commandement général au prince royal. Cette
motion, en définitive, attribuait à la Prusse l'hégémonie de l'Alle-

magne. Le caractère en était nettement défini par la déclaration que
le prince régent n'entendait pas prêter le serment prescrit par l'article 45 de l'acte final du congrès de Vienne. L'armée était dès lors
non fédérale, mais allemande; en définitive, prussienne. M. de
Schleinitz motivait la motion en termes fort subtils.

« Vous vous apercevrez tout d'abord, disait-il, en examinant de
plus près nos propositions, que la forme en a été choisie à dessein
pour que l'action directe de la Diète ne soit pas au premier plan.
Elles n'ont pas pour base les rapports que la constitution militaire
de la Confédération suppose devoir servir de règle en cas de guerre
fédérale; on n'y propose pas la formation d'une armée fédérale, ni
la remise du commandement en chef à un général nommé par la
Confédération, mais bien une adhésion aux mesures prises sponta-
nément par la Prusse, dans l'intérêt de l'Europe comme dans celui
de l'Allemagne. La raison en est d'abord dans les égards que ré-
clame la position de l'Allemagne en Europe, et dans cette conviction, déjà plusieurs fois exprimée par le gouvernement, que pour
l'instant il n'y a, pour la Confédération comme telle, aucun *casus
belli;* et qu'il y a bien plutôt lieu de croire qu'on évitera, de l'autre
côté du Rhin, ce qui pourrait en amener un.

« Je ne puis m'empêcher d'ajouter que ces considérations politiques, quelle que soit leur importance, ne sont pas les seules qui
nous ont guidés; mais que prévoyant le cas où une guerre vien-
drait effectivement à éclater, nous avons aussi eu égard à l'imprati-
cabilité, presque unanimement reconnue, de la constitution militaire
fédérale.

« Nous ne méconnaissons point, cependant, les grands avantages
que présente, pour l'organisation intérieure des forces militaires de
l'Allemagne, cette constitution qui a fait ses preuves dans son
temps, et nous pourrions d'autant moins songer à la mettre complètement de côté, que cela amènerait peut-être une rupture vio-
lente de l'organisation militaire de l'Allemagne, rupture qui pourrait aisément devenir un précédent funeste pour le morcellement
de la patrie allemande. Nous devions donc viser à trouver un moyen
terme qui, tout en nous permettant d'éviter les inconvénients
signalés, réunît les avantages qui se présentaient de part et d'autre.
Nous pouvions nous en référer pour cela à des discussions anté-
rieures qui ne sont pas restées étrangères à nos confédérés. Il y
avait eu notamment autrefois, avec le cabinet autrichien, des négociations relatives à ces défauts de la constitution militaire fédérale,
et l'on avait acquis alors la ferme conviction que le mieux serait
toujours de répartir entre les puissances de la Confédération les plus
fortement organisées au point de vue militaire, l'action militaire de

l'Allemagne et d'appuyer cette action, sur ces même puissances, de telle sorte que les États du Sud missent leurs troupes sous la direction de l'Autriche, que ceux du Nord missent les leurs sous la direction de la Prusse, et que, sur le théâtre de la guerre, chacun de ces États, bien qu'indépendant, opérât dans le sens d'une entente commune. C'est cette manière de voir que la Prusse maintient encore aujourd'hui dans ses points essentiels ; seulement l'Autriche étant déjà en pleine guerre ne saurait accepter la situation double et insoutenable qu'on lui créerait en lui remettant le commandement en chef de l'armée qu'il ne s'agit encore que de préparer, et non de faire participer activement à la guerre ; de plus, elle paraît obligée d'employer, pour le moment, toutes ses forces hors du territoire allemand : cette double circonstance a dû faire donner à la Bavière le commandement en chef des troupes concentrées pour les États du Sud. Au Nord où, pour les raisons exposées plus haut, les IXe et X[e] corps d'armée participent tout naturellement à notre action, nous mettons sur pied, dès à présent, plus du double de notre contingent, et nous pourrons, au besoin, en fournir le triple[1]. Il n'y a donc aucun inconvénient à ce que la Prusse, sans porter atteinte au commandement spécial de la Bavière, prétende aussi à la haute direction des troupes concentrées pour les États du Sud, en tant que l'exige l'unité d'action.

« Par cet arrangement, il paraît possible d'éviter les désavantages que présente la constitution fédérale, au point de vue militaire. On atteindra en même temps le but ci-dessus mentionné de préserver la Confédération comme telle d'une guerre fédérale. Le gouvernement attache d'autant plus d'importance à ce qu'il n'y ait pas le moindre doute sur la manière dont il envisage cette question, qu'il n'a pas d'autre moyen de maintenir la position qu'il a déclaré vouloir prendre comme puissance médiatrice, car cette position suppose une action libre et sans engagement d'aucun côté ; elle ne serait pas tenable du moment où la Prusse abdiquerait son indépendance au profit de la Confédération. Nous ne pouvons pas nous y tromper, accepter de la Confédération le commandement en chef d'une armée

[1] Les forces fédérales se répartissaient ainsi qu'il suit : Ier, IIe, IIIe corps (Autriche). — IVe, V[e], VIe (Prusse). — VIIe (Bavière). — VIIIe, Westemberg, Bade, Hesse. — IXe (Saxe-Royale, Hesse-Electorale, Luxembourg, Limbourg, Nassau) — X[e] (Hanovre, Holstein, Hambourg, Brunswick, Maklembourg, Schwerin, Meklembourg, Strelitz, Oldenbourg, Lubech, Brème, Hambourg) Division de réserve (Saxe-Weimar, Saxe-Mucingen, Saxe-Altenbourg, Saxe-Cobourg-Gotha, Anhalt-Dessau-Gœthem, Anhalt-Bernbourg, Schwartzbourg-Rudolstadt, Lichtenstein, Waldeck, Reuss (branche aînée), Reuss (branche cadette), Baumbourg-Lippe, Lippe, Hesse, Hambourg, Francfort).

fédérale équivaudrait, de notre part, à cette abdication, et placerait la Prusse dans une dépendance qui altérerait essentiellement sa position au milieu des puissances de l'Europe qui s'efforcent en commun de rétablir la paix. »

En dépit de ces beaux raisonnements l'Autriche n'était nullement satisfaite, car elle se voyait éliminer ainsi de la Confédération germanique. Cependant en raison des circonstances, elle ne refusáit pas son acquiescement d'une façon absolue. Seulement, avant d'aller plus loin, elle demandait à la Prusse de définir nettement les termes de la médiation. « Notre intention, répétait sans cesse le général de Willisen, est de maintenir les possessions de l'Autriche en Italie et même d'agir si elles venaient à être sérieusement menacées. — En ce cas, disait le comte Rechberg, vous êtes disposés sans nul doute, à formuler votre promesse à l'aide d'un échange de notes. — Nous ne saurions aller aussi loin, répondait le général de Willisen; ce serait vous garantir la Lombardie; nous ne pouvons prendre un engagement qui nous ôterait le caractère de puissance médiatrice. » Sur ce, on s'était séparé non sans échanger les témoignages de la fraternité la plus germanique.

En réalité, la Prusse ne voulait ni même ne pouvait rien promettre, car elle était liée par ses précédents. Elle s'était engagée envers l'Angleterre et la Russie à ne rien faire sans leur assentiment. M. de Schleinitz le reconnaissait franchement dans les dépêches qu'il adressait les 17 et 24 juin, à Londres et à Saint-Pétersbourg. « L'agitation à laquelle l'Allemagne était en proie, la proximité toujours croissante des combattants du territoire allemand et les éventualités d'une guerre que nous avons fait les efforts les plus sincères et les plus désintéressés pour prévenir par nos conseils, justifiait largement nos armements qui ne sont d'ailleurs que proportionnés à ceux de nos voisins.

« L'attitude que nous avons cru devoir adopter ne préjuge en aucune façon la question italienne et les intérêts divers qui s'y trouvent engagés. Le prince régent, dans le sentiment des droits et des devoirs que lui impose le soin de sa propre dignité et des intérêts de son pays et de l'Allemagne, ne pouvait abdiquer la part d'influence à laquelle il a droit, ni sanctionner d'avance, par une attitude passive, les modifications qu'ont subies et que peuvent subir encore les circonscriptions territoriales dans un des pays que tant de liens unissent à la grande famille européenne. Néanmoins on aurait tort de prêter au gouvernement du roi l'intention d'aggraver encore, par une ingérence précipitée et arbitraire, une situation déjà pleine de périls, et de chercher à faire prévaloir, d'une façon unilatérale et sans avoir fait appel aux autres puissances telle ou telle solution d'une question, dans laquelle trop d'intérêts se trouvent engagés pour qu'elle ne doive pour le bien général devenir l'objet de la sollicitude de toutes les grandes puissances réunies. La Prusse, loin de là, ne saurait, par son attitude, son influence et ses conseils, poursuivre d'autre but que celui qu'elle poursuivait d'accord avec la Grande-Bretagne et la Russie, il y a peu de temps, ni avoir d'autre désir que celui de ramener sur le terrain des négociations, et en vue d'une solution à la fois équitable et durable, une question que des erreurs fâcheuses ont éloignée de la seule base que l'Europe puisse et doive sanctionner, lorsqu'il s'agit des grands principes sur lesquels repose son édifice social et politique. Nos armements, je le répète, ne signifient pas autre chose. Nous désirons la paix, et c'est dans ce but que nous nous adressons avec confiance aux cabinets de Londres et de Saint-Pétersbourg, pour aviser, avec leur concours, au moyen d'arrêter l'effusion du sang...

« Personne n'ignore que nous avons vivement déploré et énergiquement désapprouvé la funeste résolution par laquelle le cabinet de Vienne a provoqué une rupture que nous espérions prévenir. Mais, malgré cette faute, nous ne pensons pas moins que l'Europe, et en particulier l'Allemagne, ne pourrait voir d'un œil indifférent l'affaiblissement d'une puissance qui, par sa position géographique et sa nature même, nous a toujours paru un des éléments essentiels et un des garants naturels de l'équilibre européen. En maintenant encore ce principe nous sommes fort éloignés cependant de méconnaître les difficultés qui s'opposeraient au rétablissement pur et simple de l'ancien état de choses en Italie..... Nous croyons que les traités, en vertu desquels l'Autriche exerçait sur quelques-uns des États voisins une espèce de protectorat, pourront être remplacés par un système qui répugnerait moins à l'esprit des populations..... Nous accueillerons, en général, avec empressement toutes propositions qui tenderaient à concilier avec les droits de la maison d'Autriche une œuvre de reconstruction basée sur des principes à la fois libéraux et conciliants, et qui nous paraîtraient de nature à satisfaire les vœux légitimes des populations italiennes. L'intention exprimée par l'empereur Napoléon de ne vouloir pour la France ni conquête ni agrandissement territorial nous paraît un gage précieux en faveur de notre espoir d'un arrangement pacifique et l'une des bases, à l'aide desquelles il est à désirer qu'on parvienne bientôt, et d'un commun accord, à formuler les propositions que nous désirerions adresser avec les cours d'Angleterre et de Russie aux puissances belligérantes. »

Perdue au milieu d'un fatras de paroles plus banales qu'il n'appartient même à un document officiel, la réserve des droits de la maison d'Autriche n'engageait à rien. Néanmoins lord Palmerston n'entendait même pas l'accepter. Le 7 juillet il repoussait l'ouverture que lui faisait M. de Schleinitz. « Il est fort inutile de proposer votre médiation, disait-il avec cette franchise maussade qui lui était naturelle. Nul ne vous écoutera. La paix est impossible, si l'Autriche ne consent pas à des cessions de territoire. Pour ce qui est de l'équilibre européen, il n'y a pas à s'en inquiéter : l'Italie constituée en nation formera un nouvel élément de cet équilibre; ce qui nous importe essentiellement c'est de créer une Italie et non moins de régler d'une façon satisfaisante l'état des populations soumises au gouvernement papal. »

La médiation était dès lors à-vau-l'eau. L'Autriche jugeant qu'elle n'avait rien à attendre des uns ni des autres répondait à la motion de la Prusse, en invitant la Diète à concentrer l'armée fédérale, conformément aux prescriptions de l'acte final du congrès de Vienne, et à exiger du général en chef le serment prescrit par l'article 45, dudit acte. Telle était la situation au moment où l'armistice était signé.

LXII

Le soir même de la signature de l'armistice, l'empereur des Français adressa une autre lettre à l'empereur François-Joseph. Il témoignait le désir, cette fois, de mettre fin à la guerre, et offrait d'en conférer. Cette ouverture fut accueillie avec empressement, et le lendemain, 9 juin, le feld-maréchal-lieutenant prince de Hesse se rendit à Valeggio. L'empereur l'instruisit des conditions qu'il posait, conditions de tous points semblables à celles que le comte de Persigny avait communiquées à lord Palmerston. Une entrevue de deux souverains, dit-il, dans le cours de la conversation, lui semblait propre à faciliter la négociation. Le prince de Hesse se contenta d'écouter et revint dans la journée, à Vérone, apprendre à l'empereur François-Joseph ce qui s'était dit. Les propositions furent déclinées.

Reprenant une troisième fois la plume, l'empereur des Français fit observer « qu'ayant antérieurement donné connaissance de ses propositions, les cabinets de Londres et de Saint-Pétersbourg s'étaient déclarés prêts à les soutenir, et que le gouvernement prussien avait même déclaré que si l'Autriche ne les acceptait pas, elle ne pouvait plus compter sur son concours, ni moralement ni matériellement [1] ». Il en donna des preuves qui semblaient irréfragables,

---

[1] Le fait d'une assertion aussi contraire à la vérité ne laisse pas de surprendre. Il ne saurait cependant être contesté. Ainsi qu'on le verra par la suite, l'empereur François-Joseph l'affirma dans son manifeste du 15 juillet.

ajouta qu'il n'entendait pas maintenir ses propositions d'une façon absolue et qu'il insistait sur l'opportunité d'une entrevue. L'empereur François-Joseph répondit « qu'il remerciait Sa Majesté de la confiance qu'elle lui avait témoignée, en lui faisant part de l'acceptation par les trois puissances des premières propositions, et qu'il consentait à l'entrevue ».

Les deux empereurs se rencontrèrent le lendemain, 11 juin, aux environs de Villafranca, entrèrent dans la maison d'un bourgeois du pays. Ils s'y entretinrent sans témoins. L'empereur des Français se croyait plus maître de lui-même qu'il ne l'était. Il se laissa entraîner au cours de la conversation ; il abandonna une à une ses diverses prétentions et finit par s'en tenir à la Lombardie : encore laissa-t-il à l'Autriche les places de Peschiera et de Mantoue, qui faisaient partie de la Lombardie. Du duché de Parme, il ne fut dit mot ; au contraire, il fut convenu, en termes formels, que la Toscane et le duché de Modène seraient rendus aux archiducs. L'empereur des Français essaya bien de stipuler que l'on ne recourrait pas à la force, mais l'empereur François-Joseph lui fit observer que le duc de Modène était en mesure de rentrer dans ses États, sans aide, sa petite armée lui étant demeurée fidèle, et que le grand-duc de Toscane, fort aimé de ses sujets, serait rappelé par les populations elles-mêmes, du jour où elles pourraient exprimer librement leurs sentiments. En définitive, il refusa d'accepter les réserves de l'empereur des Français, qui se le tint pour dit. Restait la confédération italienne. L'empereur François-Joseph accepta, de la meilleure grâce du monde, une idée qui était tout à son avantage. Demeurée maîtresse absolue de la Vénétie, l'Autriche allait évidemment exercer une influence plus considérable que jamais sur les destinées de

Le comte Rechberg le répéta dans une communication officielle, adressée au baron de Schleinitz. Enfin une note relative à l'entrevue de Villafranca, laissée par le prince Consort, mentionne les phrases des lettres échangées entre les deux empereurs, telles que je les reproduis. Il reste seulement à savoir quelles furent les preuves données par l'empereur des Français à l'appui de son dire. A défaut de renseignemeets, je hasarderai une explication. Le comte de Persigny voyant la médiation refusée, revint sur l'ordre de l'empereur, à la charge : il demanda cette fois à lord Palmerston de donner simplement son appui moral aux propositions de l'empereur. Lord Palmerston consentit, se réservant néanmoins d'en parler au Conseil et à la reine. Lord Palmerston mit-il au fait de la situation les représentants de la Prusse et de la Russie ? La chose est possible ; mais le Conseil et la reine n'ayant pas donné leur adhésion, lord Palmerston retira son consentement et en prévint immédiatement le comte de Persigny. Un premier télégramme de l'ambassadeur, annonçant que lord Palmerston donnerait son appui moral aux propositions, peut avoir été allégué par l'empereur des Français à l'appui de son dire.

l'Italie. Il demeura entendu, verbalement, que les détails de la nouvelle organisation seraient réglés en congrès, sans que le congrès eût néanmoins le droit de modifier les bases de la convention intervenue entre les deux empereurs. En une heure, l'affaire fut bâclée ainsi qu'il suit :

« Entre Sa Majesté l'empereur d'Autriche et Sa Majesté l'empereur des Français, il a été convenu ce qui suit :

« Les deux souverains favoriseront la création d'une confédération italienne.

« Cette confédération sera sous la présidence honoraire du Saint-Père.

« L'empereur d'Autriche cède à l'empereur des Français ses droits sur la Lombardie, à l'exception des forteresses de Mantoue et de Peschiera, de manière que la frontière des possessions autrichiennes partirait du rayon extrême de la forteresse de Peschiera et s'étendrait en ligne droite, le long du Mincio jusqu'à Le Grazie; de là, à Sarzarola et Suzana au Pô, d'où les frontières actuelles continueront à former les limites de l'Autriche. L'empereur des Français remettra le territoire cédé au roi de Sardaigne.

« La Vénétie fera partie de la confédération italienne, tout en restant sous la couronne de l'empereur d'Autriche.

« Le grand-duc de Toscane et le duc de Modène rentrent dans leurs États, en donnant une amnistie générale.

« Les deux empereurs demanderont au Saint-Père d'introduire dans ses États des réformes indispensables.

« Amnistie pleine et entière est accordée de part et d'autre aux personnes compromises, à l'occasion des derniers événements, dans les territoires des parties belligérantes.

« Fait à Villafranca, le 11 juillet 1859.

« Signé : François-Joseph, m. p., Napoléon, m. p. »

Son traité en poche, l'empereur revint à Valeggio. Les derniers mots n'en étaient pas dits. Dans l'intervalle, M. de Cavour avait quitté Turin; il était retombé comme une bombe au quartier général. Naturellement, il ne fut en aucune façon satisfait du traité. Il cria, il tempêta; dans sa rage, il alla jusqu'à presser Victor-Emmanuel de ne pas accepter la Lombardie. Le roi répondit, selon le proverbe, que ce qui était bon à prendre était bon à garder. De part et d'autre on s'échauffa. Survinrent de gros mots. Enfin le ministre exaspéré lança respectueusement sa démission à la tête de

son souverain. Quelques instants après, on le voyait dans une salle
d'auberge, assénant des coups de poing sur la table et jurant ni
plus ni moins qu'un charretier.

Une fois débarrassé de son ministre, Victor-Emmanuel apposa
sa signature sur les exemplaires du traité, en y ajoutant cette phrase
énigmatique : « Pour ce qui me concerne. » Les exemplaires furent
échangés par l'intermédiaire du prince Napoléon. L'empereur partit
immédiatement; le 15 juin, il était de retour et goûtait le frais à
Saint-Cloud.

LXIII

Le sentiment général fut, au premier moment, la surprise. Nul
ne s'expliquait les motifs qui avaient déterminé l'empereur à brusquer
ainsi la situation. On le loua cependant de sa modération ; on se félicita
de la paix qui se trouvait si heureusement rendue à l'Europe. Des
témoignages de satisfaction on en arriva insensiblement aux propos
aigres. Maint homme d'État, en réalité, était contrarié de la paix.
Lord Palmerston souhaitait voir les Autrichiens chassés de l'Italie ;
il manifesta sa déception par des jeux de mots. « L'Italie n'était pas
rendue à elle-même, disait-il, mais vendue à l'Autriche. » Cependant
il ne tarda pas à se raviser. S'apercevant que l'empereur regrettait
ses concessions à l'Autriche, il lui proposa sans ambages de revenir
sur ses engagements, et s'offrit même à le servir dans cet honnête
dessein. La grosse affaire, à son sens, était d'empêcher les souverains dépossédés de rentrer dans leurs États, et pour y parvenir, il
fallait, disait-il, appeler les populations à se prononcer sur leurs
destinées, interdire aux Autrichiens de se mêler de l'affaire, et les
contraindre à renvoyer leurs troupes allemandes au delà des Alpes.
Pour ce qui était du Pape, on n'avait pas de ménagements à garder.
Le seul parti à prendre était de lui enlever les Marches et les Légations; de plus, les villes d'Arezzo et de Pérouse, qui s'étaient ré-
voltées, puis avaient été ramenées à l'obéissance par la force des
baïonnettes papales. Ces divers territoires revenaient naturellement
au vicaire laïque que l'empereur avait si heureusement imaginé. Le
Pape conservait Rome et la contrée environnante; mais l'empereur
rappelait ses troupes, et Sa Sainteté demeurait ainsi livrée à elle-
même.

M. de Schleinitz s'était cru en mesure de saisir l'hégémonie de
l'Allemagne sous coup férir; il était fort désappointé, regrettait
amèrement les dépenses énormes que la Prusse s'était imposées en
pure perte. Il gardait un silence maussade, se plaignait à l'occasion de

lord Palmerston qui avait si malencontreusement refusé la médiation de la Prusse.

Le prince Gorstchakoff prenait plus tranquillement son parti de
l'affaire : il trouvait que la leçon donnée à l'Autriche suffisait à sa
rancune.

Sur ces entrefaites, l'empereur d'Autriche lança de Schönbrunn
un manifeste, où il dénonçait les procédés de la Prusse à l'indi-
gnation de l'Allemagne. « S'il avait consenti à la paix, disait-il, la
raison en était qu'il avait acquis la conviction que, par une entente
directe avec l'empereur des Français, et sans intervention d'un
tiers, il obtiendrait en tout cas des conditions moins défavorables
qu'il ne pouvait en attendre de l'immixtion dans les pourparlers des
trois grandes puissances qui n'avaient pas pris part à la guerre.
M. de Schleinitz protesta contre cette allégation ; le comte Reichberg
réitéra son dire. En réponse, M. de Schleinitz déclara nettement
qu'il n'avait jamais entendu parler des bases de médiation que citait
le comte Reichberg. On ne tarda pas à s'apercevoir qu'il importait
de ne pas approfondir l'affaire et l'on cessa de récriminer.

En France, la satisfaction était générale. Ce n'était pas que l'on
s'intéressât au sort des Italiens ; on se félicitait des triomphes de
l'armée française ; rien n'était plus naturel. Une nuance de surprise
se mêlait néanmoins à ce sentiment. L'empereur des Français s'était
arrêté au milieu des cours de ses victoires ; il n'avait pas accompli
la tâche qu'il s'était imposée. Ses détracteurs, enchantés de le
trouver en faute, rappelaient malicieusement la proclamation où il
disait avec une emphase que rien n'était venu justifier : « L'Italie
sera libre jusqu'à l'Adriatique, ou elle ne sera pas. » Il importait de
les confondre et de montrer que l'élu du suffrage universel n'avait
pu faillir. L'empereur se l'était déjà dit : il n'était nullement embarrassé de cette phrase malencontreuse ; il allait l'escamoter en grande
cérémonie. Les Chambres s'étant réunies le 19 juillet, il leur adressa
ce discours : « Messieurs, en me retrouvant au milieu de vous, qui,
pendant mon absence, avez entouré l'impératrice et mon fils de tant
de dévouement, j'éprouve le besoin de vous remercier d'abord, et
ensuite de vous expliquer quel a été le mobile de ma conduite.

« Lorsque, après une heureuse campagne de deux mois, les
armées française et sarde arrivèrent sous les murs de Vérone, la
lutte allait inévitablement changer de nature, tant sous le rapport
militaire que sous le rapport politique. J'étais fatalement obligé
d'attaquer de front un ennemi retranché derrière de grandes forteresses, protégé contre toute diversion sur ses flancs par la neutralité
des territoires qui l'entouraient ; et, en commençant la longue et
stérile guerre des sièges, je trouvais en face de moi l'Europe en

armés, prête, soit à disputer nos succès, soit à aggraver nos revers. Néanmoins la difficulté de l'entreprise n'aurait ni ébranlé ma réso-lution, ni arrêté l'élan de mon armée, si les moyens n'eussent pas été hors de proportion avec les résultats à attendre.

« Il fallait se résoudre à briser hardiment les entraves opposées par les territoires neutres et alors accepter la lutte sur le Rhin comme sur l'Adige. Il fallait partout franchement se fortifier du concours de la révolution. Il fallait encore répandre un sang précieux qui n'avait que trop coulé déjà. En un mot, pour triompher, il fallait risquer ce qui n'est permis à un souverain de mettre en jeu que pour l'indépendance de son pays. Si je me sens arrêté, ce n'est donc pas par lassitude ou par épuisement, ni par abandon de la noble cause que je voulais servir, mais parce que, dans mon cœur, quelque chose parlait plus haut encore : l'intérêt de la France. »

PARIS. — E. DE SOYE ET FILS, IMPR., 5, PL. DU PANTHÉON.

www.ingramcontent.com/pod-product-compliance
Ingram Content Group UK Ltd.
Pitfield, Milton Keynes, MK11 3LW, UK
UKHW022132070726
13613UKWH00003B/1325